Dieter Schwartz

Gefühle im Gespräch

Dieter Schwartz

Gefühle im Gespräch

Wie Emotionen unsere Kommunikation beeinflussen

mvg Verlag

Bibliographische Information der Deutschen Nationalbibliothek

Die Deutsche Nationalbibliothek verzeichnet diese Publikation in der Deutschen Nationalbibliographie. Detaillierte bibliographische Daten sind im Internet über http://dnb.d-nb.de abrufbar.

www.mvg-verlag.de

Redaktion: wortvollendet, Pia Gelpke, Wiesbaden
Umschlaggestaltung: Vierthaler & Braun Grafikdesign, München
Umschlagabbildung: gettyimages/Creative, München, Fotograf: Mel Yates
Satz: Jürgen Echter, Landsberg am Lech
Druck: CPI – Ebner & Spiegel, Ulm
Printed in Germany
ISBN 978-3-636-06295-6

Dieses Buch widme ich meiner Frau Martina,
meiner Tochter Franziska und meinem Sohn Richard.
Ich danke ihnen für die Unterstützung und Geduld,
die sie mir während der Zeit des Schreibens entgegenbrachten.

Inhalt

Vorwort ... 9

Teil I – Kommunikation und Lebensziele ... 13
Lebensziele oder „Viele Wege führen nach Rom“ ... 15
Kommunikationsziel – Aufstieg zur Spitze ... 24

Teil II – Ziele, Gefühle und Verhalten ... 33
Gefühle bewegen Menschen ... 35
Angemessene und unangemessene Emotionen ... 38
Ein alltäglicher Irrtum in Bezug auf Gefühle ... 52
Gefühle entstehen in der Blackbox ... 57

Teil III – Selbstkommunikation optimieren ... 77
Die Bedeutung der Kommunikation *mit sich selbst* für die Kommunikation *mit anderen* ... 79
Menschen konstruieren ihre eigene (Gefühls-)Welt ... 82
So ändern Sie Ihre selbstschädigende Selbstkommunikation ... 119

Teil IV – Die Kommunikation mit anderen optimieren 145
Merkmale und Ursachen schlechter Kommunikation ... 147
Drei Arten, Kritik zu äußern ... 160
Reflektierendes Zuhören – Kommunikationsverhalten optimieren, indem wir andere besser verstehen ... 179
Botschaften besser formulieren ... 197
Im Teufelskreis der Interaktion ... 207

Einige Ratschläge zum Schluss ... 225

Anhang **227**
Formular zur Kommunikationsanalyse 228
Die zehn wichtigsten selbstschädigenden Botschaften...... 231
Weiterführende Informationen 242

Literaturverzeichnis **245**

Stichwortverzeichnis **251**

Über den Autor **255**

Vorwort

Dies ist ein Buch über menschliche Kommunikation, in dem Sie viel über den Zusammenhang von Lebenszielen, Gefühlen und Kommunikation erfahren werden. Das heißt, Sie lernen eine Menge über sich selbst und ihre Mitmenschen; denn Sie und alle Menschen, die Sie kennen, haben Ziele im Leben, damit in Zusammenhang stehende Gefühle, und sie alle kommunizieren tagtäglich mit Kollegen, Freunden, Familienmitgliedern, Bekannten oder auch Fremden, wobei ihre Emotionen eine ganz entscheidende Rolle spielen.

Probleme bereitet es uns, wenn unsere Botschaften an andere Menschen nicht so ankommen, wie sie gemeint waren. Wenn sie unverstanden bleiben oder beim Gesprächspartner das Gegenteil dessen bewirken, was beabsichtigt war. Nicht selten entstehen so Missverständnisse, obwohl eigentlich ein gemeinsames (Kommunikations-)Ziel erreicht werden soll.

Eingedenk dessen habe ich mich beim Schreiben dieses Buches auch bemüht, mit Ihnen als Leser möglichst verständlich zu kommunizieren; denn was nutzt die beste Botschaft, wenn sie nicht richtig ankommt. Allerdings ist der Inhalt meines Buches nicht alltäglich und manche Überlegungen sind daher naturgemäß ungewohnt. Indem ich hier erstmals Erkenntnisse aus den Kommunikationswissenschaften sowie Ergebnisse und Möglichkeiten der modernen Kognitiven Verhaltenstherapie miteinander in Verbindung gebracht habe, eröffnete sich auch mir eine ganz neue Perspektive auf die menschliche Kommunikation. Ganz zentral ist dabei zu wissen, dass wir nicht nur mit anderen, sondern auch mit uns selbst kommunizieren und so Einfluss auf unsere Gefühle nehmen, die ihrerseits unsere Kommunikation mit anderen bestimmen. Aufbauend darauf zeige ich zum einen, welche Formen zwischenmenschlicher Kommunikation optimal beziehungsweise problematisch sind. Zum anderen werden Sie aber auch erfahren, wie man dieses Wissen einsetzen kann, um die eigenen kommunikativen Fähigkeiten zu verbessern.

Um die zum Teil komplexen Zusammenhänge so darzustellen, dass sie bei allen Lesern *gut ankommen*, werde ich es nicht dabei belassen, alle wichtigen Erkenntnisse aus Kommunikationspsychologie und Kognitiver Verhaltenstherapie im Text und durch Beispiele zu erläutern, sondern ich werde noch einen Schritt weiter gehen: Alle wichtigen Erkenntnisschritte werden Sie in Form von Übungen wiederholen können. Die notwendige Theorie wird auf diese Weise anschaulich und erfahrbar gemacht, und Sie haben die Gelegenheit, wichtige Gedankenschritte aktiv nachzuvollziehen. Daher beanspruchen diese Übungen einen bedeutenden Teil meiner Ausführungen.

Gleichzeitig erfüllen sie aber auch noch einen weiteren Zweck, denn dieses Buch ist in erster Linie ein Trainingsbuch, mit dessen Hilfe Sie Ihre kommunikativen Fähigkeiten verbessern können. Aus diesem Grund finden Sie auch eine Reihe von sogenannten Selbstanalysen vor, die Sie auffordern, die jeweils wesentlichen Erkenntnisschritte nachzuvollziehen und in Ihre persönliche Erfahrungswelt zu integrieren.

Der persönliche Nutzen, den Sie aus verbesserten kommunikativen Fähigkeiten ziehen können, ist enorm. Denn je besser Sie kommunizieren (mit sich selbst und mit anderen), desto eher erreichen Sie die Ihnen wichtigen Wunsch- und Lebensziele – oder nähern sich ihnen jedenfalls an. Selbstverständlich beansprucht mein Buch nicht, ein perfektes Rezept für eine glückliche Lebensführung durch optimale Kommunikation zu liefern. Aber wie durch entsprechende Änderungen im kommunikativen Verhalten wesentliche und oftmals überraschende Fortschritte auf dem Wege zu einer erfüllteren Existenz gemacht werden können, habe ich in 30 Jahren psychotherapeutischer Praxis bei vielen Klienten und beim Life-Coaching mit Fach- und Führungskräften immer wieder erleben können.

Welchem Zweck also dient menschliche Kommunikation? Welches sind die wichtigsten Lebensziele der Menschen? Wann entstehen Gefühle und was bewirken sie? Angenehme und unangenehme Gefühle kennen wir alle, aber welche zwei Arten von Gefühlen gibt es noch? Wie lautet der verbreitetste Irrtum über Gefühle? Hat Kommunikation eine Temperatur? Was kennzeichnet schlechte Kommunikation?

Und genügt es zu wissen, wie man gut kommuniziert?

Sind Sie neugierig, was sich hinter diesen Fragen verbirgt? Ich wünsche Ihnen viel Spaß dabei, die Antworten in Erfahrung zu bringen.

Würzburg, im Dezember 2007

Dieter Schwartz

Teil I
Kommunikation und Lebensziele

Lebensziele oder „Viele Wege führen nach Rom"

Kaum sind wir geboren, beginnen wir, mit unserer Umwelt zu kommunizieren. So ist das Schreien eines neugeborenen Kindes zwar zunächst nur ein reflektorisches Verhalten, also eine Antwort auf einen Mangelzustand (zum Beispiel Hunger), aber bereits in den ersten Tagen lernt ein Kind, dieses Schreien bewusst als Instrument zur Beseitigung des jeweiligen Mangelzustands einzusetzen. Das sogenannte instrumentelle Schreien kann als eine der frühesten Formen kommunikativen Verhaltens betrachtet werden. Diesem Schreien wohnt eine Botschaft inne: Das Kind teilt etwas mit, das in der Regel von der Mutter genauso gut verstanden wird, als hätte es Worte gebraucht. Bereits an diesem Beispiel zeigt sich, dass kommunikatives Verhalten oft, wenn nicht gar grundsätzlich, dazu dient, bestimmte Ziele zu erreichen. Im Kleinkindalter sind menschliche Ziele üblicherweise leicht zu erkennen, sie dienen der Befriedigung elementarer Bedürfnisse. So werden Hunger und Durst gestillt, Wärme und körperliche Geborgenheit erlangt. Mit dem Älterwerden mehren sich allerdings unsere Wünsche und Bedürfnisse. Es bilden sich viele Teil-, Unter- und Hauptziele heraus, die wir im Laufe unseres Lebens zu erreichen versuchen. Kommunikation ist eines der wichtigsten Mittel, Ziele zu fördern und zu verwirklichen – und Gefühle spielen in diesem Zusammenhang eine wesentliche Rolle.

Aber sprechen wir zu Beginn dieses Buches zunächst allgemein über unsere Lebensziele. Denn wenn Sie keine Ziele mehr hätten oder bereits alle Ziele in Ihrem Leben erreicht wären (was bestimmt nicht der Fall ist), so würden Sie mit Sicherheit dieses Buch nicht lesen – und ich hätte es wahrscheinlich nicht geschrieben. Stattdessen würden Sie vielleicht einen spannenden Thriller oder einen interessanten Reisebericht in Händen halten.

Aber auch dann würden Sie natürlich Ziele verfolgen: zum Beispiel sich zu erfreuen oder eine Mußestunde einzulegen.

Welches sind aber nun die Lebensziele, auf die es ankommt? Auf den ersten Blick scheinen diese bei verschiedenen Menschen sehr unterschiedlich auszufallen:

> Mein Lebensziel besteht darin, viel Geld zu verdienen und reich zu werden.
> Ich will ein berühmter Künstler/Wissenschaftler/Sportler werden.
> Ich möchte irgendwann Kinder und eine Familie haben.
> Ich möchte die Welt sehen und viel reisen.
> Ich will einen interessanten Beruf haben und darin erfolgreich sein.
> Ich möchte meine Abschlussprüfung gut bestehen.
> Ich möchte dieses Tennismatch unbedingt gewinnen.
> Ich will heute Abend ins Kino gehen.

Die Liste ließe sich beliebig fortsetzen. Da ich mich selbst – wie ich hoffe – einigermaßen kenne, nachdem ich im Laufe meiner Ausbildung zum Psychotherapeuten viele Stunden mit Selbsterfahrung verbracht habe, wäre es nicht schwer, die Liste durch eigene Ziele anzureichern. Zum Beispiel hatte ich zu Beginn und während des Schreibens dieses Buches das Ziel, einen hilfreichen und interessanten Ratgeber zu verfassen. Wie kann ich aber mit Ihnen – ohne Sie zu kennen – über Ihre Lebensziele sprechen?

Die Antwort lautet: Weil es einige wenige Hauptlebensziele gibt, die von den meisten Menschen – manchmal mehr und manchmal weniger bewusst – geteilt werden. Die unterschiedlichen Ziele, wie ich sie beispielhaft soeben skizziert habe, sind in der Regel nur Teilziele bei der Verfolgung *übergeordneter Ziele*. Zum Beispiel ist der Wunsch, die Abschlussprüfung zu bestehen, ein Teilziel des übergeordneten Ziels, einen interessanten Beruf auszuüben. Wenn Sie einem Ziel auf den Grund gehen und wissen wollen, welches Ziel ihm übergeordnet ist, dann stellen Sie am besten folgende Frage: „Wozu dient dieses Ziel?"

Also beispielsweise:
Wozu wollen Sie viel Geld verdienen und reich werden?
Wozu wollen Sie ein berühmter Sportler werden?

Wenn ich beispielsweise meinen Klienten diese Frage stelle, so erhalte ich typischerweise sehr oft keine Antwort oder es dauert einige Zeit, bis mein Gegenüber eine vage Vermutung äußert. Das liegt meist daran, dass sehr viele von uns selten an ihre übergeordneten Ziele denken. Als ich mir beim Schreiben dieser Zeilen selbst die Frage stellte: „Wozu schreibst du eigentlich dieses Buch, nachdem du doch die berühmten drei Dinge im Leben eines Mannes bereits übererfüllt hast – schon mehr als ein Buch geschrieben, mehr als ein Kind gezeugt und mehr als einen Baum gepflanzt", hat es auch bei mir – ich gestehe es – zunächst eine Weile gedauert, bis ich eine Antwort fand. Ich überlasse sie der Fantasie meiner Leser.

Dass die Beantwortung einer solchen Frage oft nicht ganz einfach ist, führt dazu, dass wir ein übergeordnetes Ziel nicht oder nur sehr spät erreichen. Wir verlieren es aus den Augen oder vergessen es schlicht, während wir mit all unserer Kraft und all unseren Gedanken beschäftigt sind, ein Ziel zu verfolgen, das in Wirklichkeit eigentlich nur ein Durchgangsziel ist.

All unsere Teil-, Durchgangs-, Unter- und Überziele laufen also auf einige wenige Hauptziele hinaus. Ziele sind demnach hierarchisch angeordnet, wie es die folgende Abbildung schematisch und vereinfacht zeigt:

Die Lebenszielpyramide

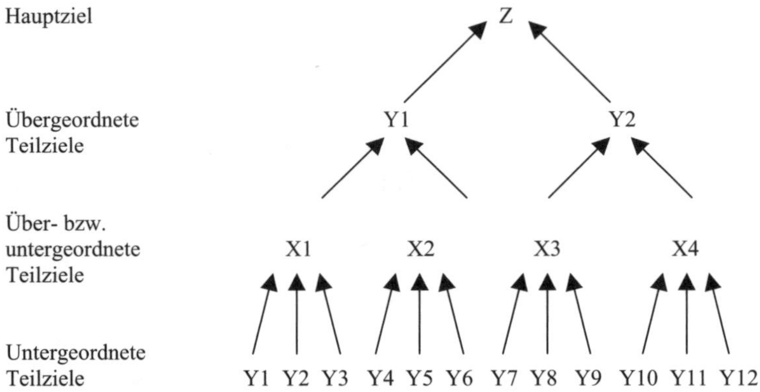

Die Lebenszielpyramide verdeutlicht die Hierarchie menschlicher Lebensziele. Teilziele führen zu neuen übergeordneten Teilzielen, diese wiederum zu weiteren Teilzielen bis hin zu den Hauptzielen an der Spitze der Pyramide.

So könnte etwa ein Teilziel auf der untersten Ebene sein: „Ich möchte berühmt werden.“ Ein übergeordnetes Ziel wäre dann: „Ich möchte viel Geld verdienen“ („… weil ich glaube, dass ich als berühmte Persönlichkeit viel Geld verdienen würde“). Dieses Ziel wiederum könnte im Dienste eines weiteren Teilziels stehen: „Ich möchte von den Mitmenschen bewundert und geliebt werden“ („… weil ich glaube, dass ich als reiche und berühmte Persönlichkeit von den Menschen geliebt werde“).

An der Spitze einer solchen Lebenszielpyramide (die in Wirklichkeit natürlich viel differenzierter ist und noch mehr Teil- und Unterziele umfasst) befindet sich dann das jeweilige Hauptlebensziel, das ich im Folgenden noch erläutern werde. Der Abbildung ist allerdings auch zu entnehmen, dass immer mehrere

Wege – also Teilziele – möglich sind, um ein Hauptziel zu erreichen. Manche Teilziele kann man deshalb auch vernachlässigen, ohne dass man das eigentliche Hauptziel aufgeben muss.

Die Hauptlebensziele der Menschen

Wie aber sehen nun die Hauptziele aus? Ein ganz wichtiges Ziel haben Sie vielleicht schon vermutet:

Ein relativ glückliches Leben führen.

Auch hierbei wird offensichtlich, dass nicht nur viele Wege nach Rom führen, wie das Sprichwort sagt, sondern dass es auch viele Wege beziehungsweise viele Durchgangsziele zum Hauptlebensziel Glück gibt. Vielleicht wundern Sie sich darüber, dass ich nicht „glückliches Leben" schreibe, sondern das Wort „relativ" voranstelle. Der etwas eingeschränkte Wunsch nach relativem Glück zeugt nicht etwa von falscher Bescheidenheit, sondern entspricht der Vernunft. Absolutes Glück ist in einer unvollkommenen, sich ständig verändernden Welt kaum möglich. Was aber nicht möglich ist, erklären wir besser auch nicht zum absoluten Wunschziel.

Welche Hauptlebensziele gibt es daneben noch? Der bekannte amerikanische Psychotherapeut Albert Ellis – zu seiner Person siehe auch Seite 74 – hat die grundlegenden menschlichen Ziele zusammengefasst:

Grundlegende menschliche Lebensziele – nach Albert Ellis

1. Ein langes Leben in Gesundheit
Alle Menschen wollen so lange wie möglich leben. Und sie wollen bis zu dem Zeitpunkt, an dem sie als sterbliche Wesen ihre Existenz aufgeben müssen, gesund leben. Ihr Ziel ist es deshalb, lebenserhaltend und gesundheitsbewusst zu leben.

2. Ein zufriedenes und relativ glückliches Leben führen
Menschen wollen ihr Wohlbefinden erhalten – das heißt hedonistisch[1] leben.

3. a) Sozialen Kontakt zu anderen Menschen pflegen
Die Menschen scheinen ihr Ziel, relativ glücklich und zufrieden zu leben, am ehesten durch ein erfolgreiches Zusammenleben mit anderen Menschen verwirklichen zu können. Sie wünschen sich deshalb, in einem sozialen Umfeld zu leben und mit anderen zu kommunizieren!

3. b) In einer Partnerschaft leben
Neben dem Leben in einer sozialen Gruppe sehen die meisten Menschen eine bedeutsame Beziehung zu einem anderen Menschen (Zweierbeziehung) als besonders Glück verheißend an.

3. c) Sich in Arbeit und Freizeit verwirklichen
Schließlich scheint es ein grundlegendes Bestreben der Menschen zu sein, sich produktiv und kreativ mit ihrer Umwelt auseinanderzusetzen. Selbstverwirklichung wird sowohl im Beruf und als auch in der Freizeit angestrebt.

Lebensziel: Ein langes Leben in Gesundheit

Viele von Ihnen streben dieses Ziel vielleicht bereits bewusst an. Wenn Sie früher geraucht haben, sind Sie möglicherweise inzwischen Nichtraucher geworden. Sie treiben Sport, joggen, fahren Rad oder spielen Tennis. Sie haben Ihre Ernährungsgewohnheiten verändert. Sie essen weniger Fett, mehr Ballaststoffe, mehr Gemüse, weniger Fleisch oder Kohlehydrate – Sie achten auf

1 Hedonismus ist die philosophische Lehre, nach der das Wohlbefinden (der Genuss) das Ziel und der Antrieb menschlichen Handelns ist.

Ihr Gewicht. Sie gehen regelmäßig zur Vorsorgeuntersuchung und lassen sich vor der Flugreise nach Fernost gegen möglicherweise tödliche Virenerkrankungen impfen. Mit anderen Worten: Sie verfolgen mit diesen Aktivitäten eines der grundlegenden menschlichen Lebensziele. Das Beispiel zeigt auch, dass es viele Teil- und Durchgangsziele im Dienste dieses Lebensziels gibt.

Lebensziel: Ein zufriedenes und relativ glückliches Leben führen
In vielen Büchern (und anderen Medien) wird versucht, uns mit Rat und Hilfe für alle Lebenslagen zu versorgen. Auf den Bestsellerlisten der letzten Jahre finden sich viele Ratgeber, die schon im Titel das Wort „Glück" verwenden. Andere Bücher beschäftigen sich damit, wie man typische oder vermeintliche Teilziele auf dem Weg zum Glück erreicht: Wie werde ich reich? Wie lege ich mein Geld an? Wie gewinne ich Freunde? Wie finde ich eine Partnerin, einen Partner für Liebe und Sex? Wo mache ich Urlaub?

In gewisser Weise bedingen sich die beiden Lebensziele gegenseitig. Pointiert ausgedrückt: Ein langes unglückliches Leben oder ein sehr kurzes wenn auch relativ glückliches Leben sind weniger erstrebenswert als ein langes und glückliches Leben.

Hingegen können wir die Lebensziele 3a bis 3c (soziale Kontakte, Partnerschaft, Verwirklichung im Beruf) als oberste Durchgangsziele, also als Teilziele zur Erreichung der obersten Lebensziele verstehen. Die meisten Menschen würden wohl zustimmen, dass die Erreichung eines oder gar aller drei Ziele eine sehr gute Voraussetzung ist, um glücklich und zufrieden zu leben.

Im Anschluss finden Sie nun die erste einer Reihe von sogenannten Selbstanalysen. Ich empfehle Ihnen, diese durchzuführen. Diese Selbstreflexionen machen die Aussagen des Buches für Sie persönlich erfahrbar. Am besten Sie legen sich zu diesem

Zweck ein separates Arbeitsheft an, in dem Sie Ihre Antworten und Reflexionen notieren können. Ihre Gedanken schriftlich zu formulieren, wird Ihnen helfen, sich einiger Dinge über sich selbst bewusst zu werden.

Selbstanalyse – Meine Lebensziele

Welche Teil- oder Durchgangsziele verfolgen Sie, um Ihre Hauptlebensziele zu fördern, zu erreichen oder zu erhalten? Durchgangsziele können zum Beispiel auch darin bestehen, dass Sie Blockaden und Hindernisse aus dem Weg räumen – etwa indem Sie mit dem Rauchen aufhören, um Ihre Gesundheit zu erhalten.

1. Welches sind Ihre Teil- oder Durchgangsziele, um ein langes Leben in Gesundheit zu verwirklichen?
Schreiben Sie einige davon auf, denken Sie auch darüber nach, wie Sie wiederum diese Teilziele erreichen können. Zum Beispiel: „Ich nehme mir vor, dreimal wöchentlich zu joggen." Weiteres Durchgangsziel: „Da ich keine Lust habe, alleine zu joggen, frage ich einen Bekannten, ob er Lust hat, mit mir zu trainieren." Weiteres Durchgangsziel: „Da ich in meinem Bekanntenkreis niemanden finde, der mit mir joggen möchte, besuche ich ein Fitnessstudio und versuche, dort jemanden zu finden, mit dem ich gemeinsam Sport treiben kann."

Denken Sie außerdem darüber nach, ob verbesserte kommunikative Fähigkeiten zur Erreichung dieser Ziele förderlich wären? Welche? Hier geht es erst einmal nur darum, dass Sie Ideen dazu aufschreiben. Wie Lebensziele und kommunikative Fähigkeiten zusammenhängen, wird später noch Thema sein.

2. Welches sind Ihre Teil- oder Durchgangsziele, um den sozialen Kontakt mit anderen Menschen zu pflegen?
Denken Sie nur an die Faustregel, die besagt: „Im Alter sollte man etwa zehn gute Freunde haben." Überlegen Sie auch hier, ob verbesserte kommunikative Fähigkeiten für die Erreichung dieser Ziele förderlich wären? Welche?

3. Welche Teil- oder Durchgangsziele möchten Sie realisieren, um dauerhaft und zufrieden in einer intimen Partnerschaft zu leben?
Formulieren Sie wieder, welcher kommunikativer Fähigkeiten es hierzu höchstwahrscheinlich bedarf. Könnten Sie diese noch verbessern?

4. Welche Teil- oder Durchgangsziele haben Sie hinsichtlich Beruf und Freizeit? Wie möchten Sie sich selbst verwirklichen?
Notieren Sie ebenfalls die notwendigen kommunikativen Fähigkeiten.

Ich rate Ihnen, diese Lebenszielanalyse im Laufe Ihres Lebens immer wieder neu durchzuführen – damit Sie Ihre Ziele und Wünsche nicht aus den Augen verlieren.

Kommunikationsziel – Aufstieg zur Spitze

Sie fragen sich nun möglicherweise, was unsere Überlegungen zu menschlichen Lebenszielen mit Kommunikation zu tun haben. Die Antwort dieses Buches lautet: Kommunikative Fähigkeiten sind entscheidend dafür, ob und wie gut wir unsere jeweiligen Ziele erreichen. Es geht sozusagen um den Aufstieg zur Spitze eines Berges. Wenn wir im Bild bleiben wollen: Kommunikative Fähigkeiten sind vergleichbar mit der Ausrüstung eines Bergsteigers. Je besser die Ausrüstung, desto sicherer und schneller gelingt der Aufstieg zum Gipfel.

Dabei ist der Wunsch, erfolgreich zu kommunizieren, selbst schon ein Ziel, das in der Hierarchie der Lebensziele ziemlich weit oben angesiedelt sein dürfte: Im hoch gelegenen Basislager befindet sich also die beste Ausrüstung. Aber um dorthin zu gelangen, bedarf es bereits einiger Mühe – und diese beginnt mit dem Aufstieg. Ein erstes Stück Weg können Sie zurücklegen, indem Sie dieses Buch lesen. Und ähnlich wie bei der Besteigung eines Berges, während der Sie die herrlichen Landschaften des Vorgebirges genießen, werden auch Sie – so hoffe ich – ein wenig Spaß an den neuen Einsichten haben, die ich in diesem Buch vermitteln möchte.

Im Folgenden möchte ich Ihnen nun meine bisherigen Überlegungen an einem konkreten Beispiel verdeutlichen, an das sich die erste einer Reihe von Übungen anschließt. Alle Beispiele in diesem Buch sind übrigens fiktiv und frei erfunden. Die Gesprächssituationen zwischen Coach oder Therapeut und Klient, wie Sie sie noch kennenlernen werden, sind jedoch beispielhaft für viele Gespräche, die ich bei meiner Arbeit als Psychotherapeut und Coach geführt habe.

Artur und sein neuer Chef

Artur arbeitet seit einigen Jahren als führender Angestellter in einem Unternehmen. Im Betrieb werden seine Fähigkeiten durchaus geschätzt. Nun hat es allerdings in der Geschäftsführung einen Wechsel gegeben. Zwischen Artur und dem neuen Vorgesetzten entwickeln sich zunehmend Spannungen, nachdem dieser ohne Absprache einige Eingriffe in Arturs Arbeitsgebiet vorgenommen hat. Obwohl innerlich ziemlich wütend, schweigt Artur, meidet wenn möglich den Kontakt zu seinem neuen Chef und verhält sich im Umgang mit ihm eher wortkarg. Als dann nach einiger Zeit der Chef in einer Angelegenheit, die zuvor dem Kompetenzbereich von Artur angehörte, einen eindeutigen Fehler macht, äußert sich Artur in einem Gespräch, um das der Chef zwecks Schadensbegrenzung gebeten hat, verärgert: „Ach, da schau her, das ist ja schön, erst ziehen Sie alles an sich, und wenn's schief geht, sollen die anderen die Kohlen aus dem Feuer holen. Prima!“ In der Folgezeit verschlechtert sich das Verhältnis zwischen Artur und dem neuen Geschäftsführer zunehmend.

Wir wollen dieses Beispiel nun erstens daraufhin untersuchen, welche Ziele Artur verfolgt, zweitens welche *kommunikativen Verhaltensweisen* bei Artur erkennbar sind und schließlich drittens, ob Artur mit seiner Kommunikation seine Ziele *fördert* oder sabotiert.

Was ist Kommunikation?

Man kann den Begriff „Kommunikation" unterschiedlich verwenden: einmal als allgemeine Bezeichnung des Wissensgebiets, das sich mit der menschlichen Kommunikationstheorie beschäftigt, zum anderen – und so gebrauche ich den Begriff in diesem Buch – bezeichnet man damit kommunikatives Verhalten. Damit ist Kommunikation deutlich gemacht als ein Verhalten mit Mitteilungscharakter. Die folgenden Begriffe gebrauche ich daher synonym: Kommunikation = Botschaft (engl. message) = Mitteilung = kommunikatives Verhalten. Im Unterschied dazu bezeichne ich den wechselseitigen Austausch von Mitteilungen zwischen zwei oder mehreren miteinander kommunizierenden Personen als Interaktion.

Was sind Arturs Ziele?

Es liegt auf der Hand, dass Artur kein Interesse daran haben kann, das Verhältnis zu seinem Chef weiter zu verschlechtern. Sein Ziel ist es, alle Unstimmigkeiten so gut wie möglich zu bereinigen. Daneben ist Artur aber noch ein zweites Ziel wichtig: Er möchte keine weiteren Kompetenzen abgesprochen bekommen und – wenn möglich – auch seine ursprünglichen Aufgabenbereiche zurückerlangen.

Solange Artur kein positives Verhältnis herstellen kann, wird er aber wahrscheinlich dieses Ziel nicht erreichen, denn sein Chef sitzt einfach am längeren Hebel. Arturs Ziel, das Verhältnis zu seinem Chef positiver zu gestalten, ist also sozusagen ein Durchgangsziel, wenn er ihn dazu bewegen möchte, dass er selbst wieder mehr Kompetenz zugesprochen bekommt.

Wie kommuniziert Artur?

Bei Artur sind zwei kommunikative Verhaltensweisen erkennbar. Zum einen schweigt er, obwohl er verärgert ist, weil man ihm seinen Kompetenzbereich strittig gemacht hat. Zum anderen macht er seinen Unmut deutlich, indem er sich auf sehr sarkastische und aggressive Weise gegenüber seinem Chef äußert.

Fördert Arturs kommunikatives Verhalten seine Ziele?
Was das Schweigen betrifft – so könnten Sie einwenden –, handelt es sich ja eigentlich um keine Kommunikation, sondern um ein Sich-nicht-Verhalten.

Seit den Forschungsergebnissen der Palo-Alto-Gruppe am Mental Research Institute in Kalifornien, der unter anderem Paul Watzlawick angehörte, wissen wir jedoch von der Unmöglichkeit, sich nicht zu verhalten beziehungsweise nicht zu kommunizieren.

Man kann nicht nicht kommunizieren

Kommunikation verstehen wir als Verhalten mit Mitteilungscharakter. Wir könnten auch sagen, eine Kommunikation ist eine Mitteilung. Zu beachten ist, dass Mitteilungen nicht nur aus Wörtern bestehen. Nonverbale Phänomene wie Tonfall, Schnelligkeit oder Langsamkeit der Sprache, Pausen, Lachen, Seufzen, Betonen sowie Körpersprache allgemein (Körperhaltung, Gestik und Mimik) – also Verhalten jeder Art – besitzt Mitteilungscharakter.
Dabei hat Verhalten eine grundlegende Eigenschaft, die man leicht übersehen kann: Es gibt kein Gegenteil von Verhalten oder einfacher ausgedrückt: Man kann sich nicht nicht verhalten. Der Mann im vollen Wartezimmer des Arztes, der mit gesenktem Kopf vor sich hinstarrt, teilt den anderen mit, dass er weder unterhalten noch angesprochen werden möchte. Wer einem Kollegen auf dem Flur begegnet und ihn übersieht (egal ob absichtlich oder nicht!) teilt mit: „Du bist für mich nicht vorhanden.“ (Was je nach Bewertung durch den anderen als Kränkung angesehen werden kann.) Fazit: Man kann nicht *nicht* kommunizieren![2]

Arturs Schweigen war also sehr aussagekräftig und es signalisierte dem neuen Chef wahrscheinlich: „Ich bin einverstanden mit der neuen Regelung.“ Oder: „Es ist mir gleichgültig, wenn bestimmte Kompetenzen nicht mehr bei mir liegen, ich mache meinen Job wie bisher und basta.“

2 Vgl. Watzlawik, P. (1974)

Eigentlich hat Artur aber damit ausdrücken wollen, dass er sich über die Neuregelung ärgert und überhaupt nicht einverstanden ist. Seine Kommunikation war somit nicht erfolgreich, obwohl er das wahrscheinlich gar nicht beabsichtigt oder bewusst forciert hat. „Nicht erfolgreich“ bedeutet in diesem Zusammenhang, dass beim Empfänger nicht die Nachricht ankommt, die der Sender ursprünglich ausgesandt hat.

Sender einer Botschaft ➤ Empfänger einer Botschaft

Kommunikatives Verhalten ist grundsätzlich mehrdeutig und so ist nie garantiert, dass die empfangene Mitteilung inhaltlich der ausgesandten entspricht. Wir wissen also nicht genau, ob und wie der Chef das Schweigen gedeutet hat. Klar ist aber, dass ein solches Verhalten Artur weder seine Kompetenzbereiche sichert, noch ein positives Verhältnis zu seinem Chef begünstigt. Und seine sarkastische Äußerung sabotiert geradezu die Ziele, die er eigentlich verfolgt.

Wenn wir also unsere kommunikativen Fähigkeiten trainieren wollen, müssen wir vor allem …

1. … ein Gespür dafür entwickeln, wann und wie wir kommunizieren.
2. … erkennen können, ob unser kommunikatives Verhalten uns und unseren Zielen schadet oder nutzt.
3. …. die Gründe ausmachen können, die zu einem selbstschädigenden kommunikativen Verhalten führen.
4. …. lernen, wie wir in Zukunft selbstschädigende durch zielführende Kommunikation ersetzen können.

Kommunikationstraining – Ursachen alltäglicher Konflikte erkennen

Nehmen Sie folgenden Fall an: Unterschiedliche Wünsche und Vorstellungen von Susanne und Erich führen immer wieder zu der gleichen alltäglichen Konfliktsituation, wie sie auch bei vielen anderen Paaren zu beobachten ist. Susanne geht abends gerne aus – ins Kino, Theater oder auch einfach nur in die kleine Bar gegenüber. Erich hingegen macht es sich lieber zu Hause gemütlich. Wenn er müde von der Arbeit heimkommt, dann schaut er am liebsten Fernsehen und „legt die Beine hoch", wie er sagt. Offensichtlich haben die beiden recht unterschiedliche Wünsche, wie sie den Abend zusammen verbringen möchten.

Es sind nun wieder einige Wochen im Zusammenleben des Paares vergangen, ohne dass Susannes Wunsch erfüllt worden wäre. Am Abend kommt Erich wie immer von der Arbeit nach Hause, sie bringt ihm eine Tasse Kaffee, und sie sitzen gemeinsam auf dem Balkon. Susanne möchte gerne wieder einmal ausgehen und so entwickelt sich folgendes Gespräch:

Susanne: „Bist du sehr müde?"
Erich: „Es geht … wie immer. Warum?"

Lesen Sie nun aufmerksam die drei folgenden möglichen Antworten von Susanne und versuchen Sie anschließend, die jeweilige Botschaft herauszulesen (sie steht zwischen den Zeilen!). Beurteilen Sie, welches kommunikative Verhalten der Lösung des Problems von Susanne dienen kann (also Susanne ihrem Ziel näher bringt) und welches nicht:

a) (Mit lauter Stimme.) „Ich will heute endlich wieder einmal raus, ins Kino oder so. Seit Wochen hängen wir jetzt schon jeden Abend zu Hause vor dem Fernseher, mit dir kommt man sich schon vor wie im Altersheim."

b) „Ich weiß ja, dass es dich Überwindung kostet, wenn du müde von der Arbeit bist und dann noch ausgehen sollst. Aber ich leide schon ganz schön darunter, dass wir so lange nichts mehr unternommen haben."

c) (Mit leiser Stimme.) „Na dann wird's wohl heute wieder nichts mit Ausgehen. Bin ich ja schon gewohnt. Mit dir läuft einfach nichts am Abend. Wieso frage ich überhaupt noch …"

Schauen Sie sich alle drei Antworten genau an und überlegen Sie, welche Botschaft jeweils zwischen den Zeilen steht und was Susanne damit zum Ausdruck bringt. Lesen Sie erst weiter, wenn Sie Ihre Gedanken formuliert haben. Überlegen Sie auch, ob Susannes Antworten zielführend sind.

a) Welches ist Susannes Botschaft zwischen den Zeilen?

. . . .

Fördert Susanne mit dieser Antwort ihre Ziele? Ist diese Antwort zielführend?

. . . .

b) Botschaft zwischen den Zeilen?

. . . .

Zielführend?

. . . .

c) Botschaft zwischen den Zeilen?

. . . .

Zielführend?

. . . .

Auflösung

Sicher ist es Ihnen nicht schwergefallen, Susannes Worte zu deuten, denn Sie kennen bestimmt ähnliche Situationen. Antwort a) wirkt auf das Gegenüber aggressiv, anschuldigend und auch abwertend („Du bist ein alter Greis, mit dir ist nichts mehr los …"). Diese Antwort ist wenig zielführend, denn sie provoziert eine ebenfalls aggressive Haltung des Gesprächspartners. Antwort c) drückt hingegen Hoffnungslosigkeit und Resignation aus. Susanne macht deutlich, dass sie ihr eigenes Ziel aufgibt, gleichzeitig gibt sie ihrem Partner aber auch zu verstehen, dass er die Schuld daran trägt („Du bist schuld!"). Vielleicht wird Erich nun mit ihr ausgehen, aber die Basis für einen harmonischen Abend ist so nicht geschaffen.

Einzig Antwort b) ist zielführend. Hier teilt Susanne ihre eigenen Gefühle mit („Ich leide …") und zeigt sich zugleich einfühlsam und verständnisvoll gegenüber der Befindlichkeit ihres Partners („Ich verstehe dich …").

In den Beispielen a) und c) sabotiert Susanne ihre eigenen Ziele durch ihr kommunikatives Verhalten, dieses ist dysfunktional und selbstschädigend. Will Susanne ihre Ziele also gar nicht erreichen und hat sich daher selbstschädigend verhalten? Natürlich nicht. Ist sich Susanne dessen bewusst, dass sie sich selbstschädigend verhält? Wahrscheinlich nicht, zumindest nicht in dem Moment, in dem sie kommuniziert. Vielleicht wird es ihr später deutlich, wenn sie mit dem ungünstigen Ergebnis ihres kommunikativen Verhaltens konfrontiert wird und zum Beispiel Erich „jetzt erst recht" nicht mit ihr ausgehen möchte oder sich verärgert zurückzieht.

Wie könnte Susanne also zukünftig besser, das heißt zielführend kommunizieren? Indem sie sich zunächst die Gründe für ihr zweifelhaftes Kommunikationsverhalten bewusst macht. Wie das geht und wie auch Sie die Ursachen Ihres eigenen Kommunikationsverhaltens erkennen und das Wissen darum nutzen können, wird noch ausführlich Thema dieses Buches sein.

Selbstanalyse – Mein Kommunikationsverhalten

Erinnern Sie sich an verschiedene Situationen, in denen Sie selbstschädigendes (dysfunktionales) Kommunikationsverhalten an den Tag legten. Notieren Sie diese in Ihr Arbeitsheft – Sie können dabei nach folgendem Schema vorgehen:

In der Situation: Als mein Freund nicht mit mir ins Kino gehen wollte …
habe ich gesagt (oder nicht gesagt): „Du bist ein furchtbarer Langweiler!“
Das war (nicht) zielführend, weil: … ich mich (nicht) verständnisvoll gezeigt habe.

Teil II
Ziele, Gefühle und Verhalten

Gefühle bewegen Menschen

Bevor wir den nächsten Schritt gehen, wollen wir uns noch einmal ins Gedächtnis zurückrufen, dass wir Kommunikation als Verhalten ansehen. Das war der Grund, warum ich im ersten Abschnitt von kommunikativem Verhalten sprach. Da wir also Kommunikation nur als einen – wenn auch sicherlich bedeutsamen – Unterfall von menschlichem Verhalten ansehen, werden wir zunächst einige Überlegungen anstellen, wie Gefühle und Verhalten allgemein zusammenhängen. In den anschließenden Kommunikationsübungen beziehen wir dann unsere Erkenntnisse konkret auf kommunikatives Verhalten.

Einige theoretische Erläuterungen werden Ihnen vielleicht ein wenig kompliziert erscheinen. Lassen Sie sich deshalb nicht entmutigen. Ich werde die Zusammenhänge im Anschluss durch anschauliche Beispiele verdeutlichen.

Was ist Verhalten?

Im Unterschied zur Alltagsbedeutung umfasst der wissenschaftlich-psychologische Begriff „Verhalten" nicht nur konkretes Handeln, sondern jede Aktivität eines Organismus. Dazu zählen alle körperlich-muskulären Reaktionen einschließlich der „Bewegungen des Sprechapparates"[3] – in diesem Fall spricht man auch von „verbalem Verhalten".

Wie Gefühle unser Verhalten beeinflussen

Da wir uns in diesem Buch mit der Frage beschäftigen, warum und wie Menschen kommunizieren, müssen wir auch die Frage nach dem Warum und Wie des menschlichen Verhaltens im

3 Fuchs, W., Klima, R., Lautmann, R., Rammstedt, O. & Wienold, H. (1973), S. 724.

Allgemeinen stellen. Was treibt uns an? Was bringt uns in Bewegung? Was also motiviert uns? Die Antwort darauf lautet: Wir werden motiviert durch unsere Bedürfnisse (Triebe), Ziele und Wünsche. Sobald diese blockiert sind, entstehen Gefühle und diese bewegen uns dazu, etwas gegen die Blockade unserer Wunschziele *zu unternehmen*. Die „Antriebskomponente" ist somit die stärkste subjektive Erfahrung, die wir unseren Gefühlen zu verdanken haben.[4] Bezeichnenderweise beschreibt ja auch schon der Begriff „E-motion" (lat. e = aus, heraus; movere = bewegen), dass aus den Gefühlen heraus Verhalten entsteht. Man könnte auch sagen: Gefühle dienen sozusagen der Selbsterhaltung sowie der Realisierung unserer beiden Hauptlebensziele „Leben und Überleben" und „Relativ glücklich leben". Der amerikanische Evolutionspsychologe Robert Plutchik drückte es wie folgt aus: Emotionen sind „Mittel der Anpassung, die beim Überleben des Individuums auf allen Evolutionsstufen eine Rolle spielen"[5].

Gefühle bewegen: Sie sind das Hauptmotivationssystem des Menschen.[6]

Das heißt, Gefühle motivieren Menschen, sich auf bestimmte Art und Weise zu verhalten – in unserem Zusammenhang: auf bestimmte Art und Weise zu kommunizieren. Damit ist nicht gemeint, dass ein bestimmtes Gefühl jeden Menschen in einer vergleichbaren Situation zum exakt gleichen (Kommunikations-) Verhalten motiviert. Besser sprechen wir von einer Tendenz, sich nach einem ähnlichen Muster zu verhalten beziehungswei-

4 Martin, I. (1976), S. 698.
5 Plutchik, R. (1980), S. 47.
6 Vgl. Izard, C. E. (1981), S. 63: „Emotionen … determinieren Verhaltensweisen (und) führen zu unterschiedlichen Konsequenzen auf der Verhaltensebene."

se nach einem ähnlichen Muster zu kommunizieren. So würden wohl die meisten von uns anlässlich der Nachricht, in der Lotterie das große Los gezogen und den Jackpot in Höhe von 20 Millionen Euro gewonnen zu haben, vor Freude alle Menschen in ihrer Umgebung umarmen, abküssen oder Jubelschreie ausstoßen und sich also tendenziell nach einem ähnlichen Muster (kommunikativ!) verhalten.

Selbstanalyse – Meine Gefühle

Denken Sie an eine Situation zurück, in der Ihre Ziele und Wünsche blockiert waren. Was haben Sie empfunden? Welche Gefühle haben sich eingestellt?

Können Sie sich daran erinnern, dass Ihnen eine bestimmte Bitte abgeschlagen wurde? Mit welchem Gefühl reagierten Sie?

Und als Sie von einem Freund heftig kritisiert wurden, welche Emotionen waren die Folge?

Prüfen Sie, ob Sie wirklich Gefühle aufgeschrieben haben und nicht etwa Gedanken oder Verhaltensweisen. Beispiele für Gefühle finden Sie auch auf Seite 38 f..

Nachdem Sie sich einiger Ihrer Gefühle bewusst geworden sind, gehen wir jetzt noch einen Schritt weiter und fragen uns: Können wir vielleicht Gefühle danach einteilen, ob sie sich auf unser (kommunikatives) Verhalten positiv oder negativ auswirken, und wenn ja, welche Gefühle sind für unsere Überlegungen überhaupt von Bedeutung?

Angemessene und unangemessene Emotionen

In der Tat ist eine solche Einteilung möglich und für unser Thema höchst bedeutsam. In der Psychotherapie geht man von vier Gefühlskomplexen aus, die für einen Großteil unserer Probleme verantwortlich sind. Dieses – wie ich es nenne – „große Quartett“ emotionaler Störungen besteht aus den Gefühlskomplexen Angst, Niedergeschlagenheit, Wut/Ärger und Schuldgefühle. Wir können diese Emotionen als *unangemessen* bezeichnen, weil sie tendenziell zu Verhaltensmustern führen, die unseren Zielen zuwiderlaufen anstatt sie zu fördern. Anders ausgedrückt:

Unangemessene Gefühle begünstigen selbstschädigendes Verhalten!

Was aber ist die Ursache für solche Emotionen? Sie erinnern sich, dass Gefühle ausgelöst werden, wenn unsere Ziele und Wünsche blockiert sind. Allerdings entstehen dann nicht nur unangemessene, sondern auch angemessene Emotionen:

Unangemessenes Gefühl	*Angemessenes Gefühl*
Angst	Besorgnis
Depressivität, Niedergeschlagenheit, Minderwertigkeitsgefühle	Trauer und/oder Enttäuschung
Wut, starker Ärger, Feindseligkeit, Groll	Gereiztheit, Irritation, Verdruss, milder Ärger
Schuldgefühle, schlechtes Gewissen	Bedauern, Reue

Die Tabelle zeigt, dass sich die unangemessenen von den angemessenen Gefühlen nicht dadurch unterscheiden, dass die Gefühle der linken Spalte negativ, die der rechten Spalte positiv sind. Wobei wir unter positiv so viel wie angenehm und unter negativ so viel wie unangenehm verstehen. Die Gefühle in beiden Spalten (zum Beispiel Niedergeschlagenheit genauso wie Enttäuschung, Wut oder Verdruss) sind sicher nicht angenehm und wir wünschen sie uns im Normalfall nicht. Jedoch gehören sie zum Leben und sicher auch zu Ihrem Alltag dazu. Stellen Sie sich etwa vor, Sie hätten den starken Wunsch, sich mit einer bestimmten Person anzufreunden, diese Person ließe Sie jedoch abblitzen. Dann reagierten Sie wahrscheinlich wie alle Menschen mit unangenehmen Gefühlen, vielleicht mit Enttäuschung oder Verdruss, vielleicht aber auch mit Wut oder Niedergeschlagenheit.

Die vier Hauptdimensionen der Gefühle

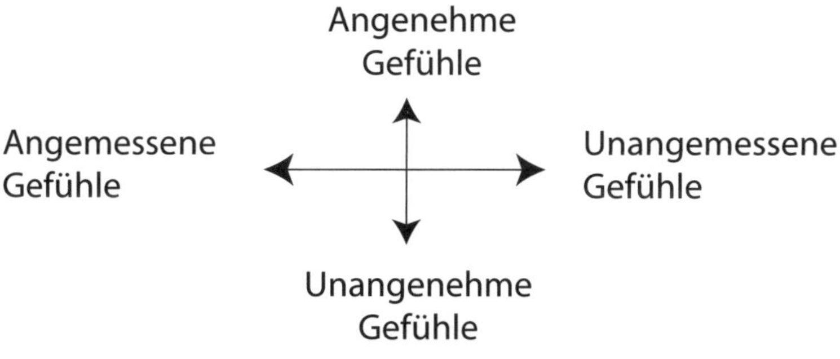

Auch wenn Sie sie nicht als angenehm empfinden, können Gefühle wie Enttäuschung, Verdruss, Gereiztheit oder Reue dennoch hilfreich sein, denn sie motivieren Sie, etwas gegen die Blockade Ihrer Ziele und Wünsche zu unternehmen. Wie die Abbildung oben zeigt, kann man Gefühle in vier Kategorien einteilen:

1. Sowohl unangenehme als auch unangemessene Gefühle: beispielsweise alle Gefühle in der linken Spalte der Tabelle. Diese Gefühle sind unangenehm UND blockieren zielführendes (kommunikatives) Verhalten.
2. Unangenehme, aber angemessene Gefühle: Dazu zählen die Gefühle der rechten Spalte. Diese Gefühle sind zwar unangenehm, aber fördern das Erreichen von Lebenszielen, wie wir noch sehen werden.

Die Kategorien 3 und 4 sind für unser Thema nicht besonders relevant. Ich erwähne sie nur der Vollständigkeit halber:

3. Angenehme und angemessene Gefühle: zum Beispiel Freude über eine gelungene Arbeit, die uns motiviert in Zukunft noch mehr zu leisten.
4. Angenehme, aber unangemessene Gefühle: beispielsweise bestimmte Formen ekstatischer und euphorischer Emotionen. Diese führen häufig auch zu selbstzerstörerischen Handlungen und problematischen Kommunikationsformen.

Wir werden uns im Folgenden hauptsächlich mit den Kategorien 1 und 2 beschäftigen – also mit den unangenehmen Gefühlen – und die wichtige Unterscheidung in angemessene und unangemessene Emotionen anhand von weiteren Beispielen anschaulich machen.

Unangenehme Gefühle können motivieren – oder sabotieren

Wie erwähnt, sehen die meisten Menschen eine bedeutsame Beziehung zu einem anderen Menschen (Zweierbeziehung) als besonders Glück verheißend und erstrebenswert an. Doch gerade innerhalb einer solchen Beziehung gibt es jede Menge Konfliktpotenzial:

> Hans ist seit sieben Jahren mit Gretel verheiratet. Seit einiger Zeit häufen sich Streitigkeiten. Die beiden haben hinsichtlich ihres Alltags unterschiedliche Auffassungen, zum Beispiel wie ordentlich es in der Wohnung sein sollte oder wie man die gemeinsame Freizeit gestaltet. Schließlich lernt Gretel einen anderen Mann kennen und trennt sich von Hans, der tief verletzt und niedergeschlagen reagiert. Er zieht sich von den Menschen und der Welt zurück und vermeidet jegliche Kommunikationssituationen – er geht nicht mehr aus, lehnt Einladungen ab, besucht die Firmenkantine nicht mehr und trinkt seine Tasse Kaffee allein im Büro. Wird er doch angesprochen, zum Beispiel von Kollegen, die seine Situation inzwischen kennen und ihn aufheitern wollen, so reagiert er barsch („Ich komm schon zurecht"). Wohlmeinende Kritik („Vergrab dich doch nicht so …") wehrt er ab („Tu ich doch gar nicht! Lass mich einfach in Ruhe!").

Niedergeschlagenheit führt zu selbstschädigendem (kommunikativen) Verhalten

Hans hat keinen Antrieb – keine Motivation – mehr, seinen Alltag zu gestalten. Er fühlt sich schlapp, ohne Energie, hat kein Interesse mehr an Dingen, die er früher gerne gemacht hat (Interessenverlust) und gibt nach und nach alle Aktivitäten und Hobbys auf. Er besucht seine Freunde nicht mehr und lehnt wohlmeinende Einladungen ab (sozialer Rückzug). Auf freundliche Mitmenschen und Kollegen reagiert er emotionslos oder gar abweisend. Er leidet unter Schlafstörungen und Appetitlosigkeit und er verspürt kaum sexuelles Interesse (Libidoverlust) – alles typische Symptome, die auftreten, wenn wir sehr niedergeschlagen sind.

Wir wollen uns Hans' Situation nun genauer anschauen. Dabei hilft uns die sogenannte Klinische ABC-Theorie. Diese Theorie spielt in der Kognitiven und Rational-Emotiven Verhaltenstherapie nach Albert Ellis und Aaron T. Beck, aber auch für den weiteren Inhalt dieses Buches eine entscheidende Rolle:

Ziel: In einer Zweierbeziehung leben

Aktivierendes Ereignis: Trennungserlebnis

B (wird später erläutert)

Consequenz

unangemessene emotionale Consequenz: Niedergeschlagenheit

↓

behavoriale Consequenz/Verhaltenskonsequenz:

Rückzugsverhalten, Passivität: daraus resultiert
reduziertes und abweisendes kommunikatives Verhalten

Niedergeschlagenheit führt zu selbstschädigendem (kommunikativen) Verhalten. Im englischen Original bedeutet A = Activating event or experience, B = Belief, C = Consequence.

Die Abbildung zeigt also: Je niedergeschlagener sich Hans fühlt, desto stärker wird die Tendenz, sich zurückzuziehen und nicht oder schlecht zu kommunizieren. Diese Beziehung gilt allerdings auch umgekehrt, denn je häufiger sich Hans zurückzieht, Kommunikation verweigert oder Ablehnung kommuniziert, umso niedergeschlagener wird er sich fühlen. Es entsteht ein Teufelskreis, der sich selbst erhält und immer schwerer zu durchbrechen ist.

Hans' Niedergeschlagenheit ist ein unangemessenes Gefühl, weil es zu einem Verhalten führt, das sein Wunsch- beziehungsweise Lebensziel nicht fördert. Ganz im Gegenteil, dieses Verhalten blockiert seine Ziele, ist also dysfunktional, nicht zielgerecht, sondern schlicht und einfach selbstschädigend.

Trauer und Enttäuschung führen zu zielführendem (kommunikativen) Verhalten

Gehen wir nun noch einen Schritt weiter. Wie Sie der Tabelle auf Seite 38 entnehmen konnten, gibt es eine angemessene Gefühlsalternative zur Niedergeschlagenheit – nämlich Trauer und/oder Enttäuschung.

Zu welchem Verhalten, einschließlich kommunikativem Verhalten, motivieren nun diese Gefühle? Und sind diese Verhaltensweisen ebenfalls dysfunktional und selbstschädigend? Oder konstruktiv und zielführend (wenn auch nicht angenehm)?

Werfen wir zur Beantwortung dieser Fragen einen Blick auf die Abbildung auf Seite 44.

Z und A sind unverändert geblieben. Mit anderen Worten: Hans hat das gleiche Wunschziel, nämlich in einer intimen Partnerschaft zu leben, und es widerfährt ihm das gleiche unangenehme Schicksal – er wird von seiner Partnerin verlassen. Sein Wunschziel ist auch hier blockiert und daher entstehen Gefühle. Diese sind zwar auch unangenehm, aber nicht mehr unangemessen. Anstatt sich niedergeschlagen und total down zu fühlen, reagiert Hans jetzt mit Trauer und Enttäuschung. Sie möchten wissen, was die Änderung bewirkt hat? Gedulden Sie sich bitte noch ein wenig. Auf diesen entscheidenden Punkt kommen wir im Laufe dieses Buches noch ausführlich zu sprechen.

Ziel: In einer Zweierbeziehung leben

Aktivierendes Ereignis: Trennungserlebnis

B (wird später erläutert)

angemessene emotionale Consequenz: Enttäuschung und Trauer

Consequenz

behavoriale Consequenz/Verhaltenskonsequenz:

Trauerarbeit

Motivation, das Ziel dennoch zu erreichen

Möglicherweise Veränderung des Ziels

Formulierung neuer Ziele

Trauer und/oder Enttäuschung motivieren zielführendes (kommunikatives) Verhalten.

Nachdem Sie inzwischen eine gewisse Vertrautheit mit dieser Argumentation gewonnen haben, werden Sie sich nun schon selbst leicht erklären können, warum ich behaupte, dass Trauer und Enttäuschung angemessene (wenngleich sicher nicht angenehme) Gefühle sind. Diese Emotionen motivieren ein ganz anderes (kommunikatives) Verhalten als Niedergeschlagenheit. Unter dem Stichwort „Trauerarbeit", das auf Sigmund Freud, den großen Pionier der Seelenkunde, zurückgeht[7], verstehe ich hier alle Reaktionen, die durch „gesunde Trauer"[8] motiviert sind. Also zum Beispiel alle Verhaltensweisen, einschließlich der vielen Möglichkeiten kommunikativen Verhaltens, die zielführend sind. Für Hans würde das etwa bedeuten, den Kontakt zu seinen Mitmenschen aktiv aufrechtzuerhalten beziehungsweise mit der Zeit sogar zu intensivieren, was so viel bedeutet wie Kommunikationssituationen zu suchen, anstatt sie zu vermeiden. Hans nähme also Hilfe und Zuspruch von Kollegen und Freunden dankbar an. All das würde ihm letztlich auch dazu verhelfen, sein Wunsch- und Lebensziel zu erreichen und er würde über kurz oder lang wieder eine neue Partnerin finden. Winston Churchill soll gesagt haben: „Die beste Medizin gegen Liebeskummer ist eine neue Liebe."

Die eigenen Ziele trotz aller Widrigkeiten nicht aus den Augen zu verlieren und immer wieder neu in Angriff zu nehmen, ist eine Möglichkeit. Doch daneben gibt es noch andere Wege. Hans könnte seine Ziele (zeitweilig oder dauerhaft) verändern und sein (kommunikatives) Verhalten entsprechend ausrichten: Wenn er sich auf die Menschen aus seinem sozialen Umfeld einließe, lernte er vielleicht einen neuen Freund kennen, der ihm vorleben würde, dass beispielsweise Freundschaften und die Selbstverwirklichung in Beruf und Freizeit das Leben ebenfalls lebenswert machen können. Würde er dann vielleicht später auch wieder eine Partnerin finden, so hätte er dennoch erfahren, dass es nicht nur einen Weg gibt, der zum Glück führt. Darin

7 Nach Freud kann mittels Trauerarbeit („normale") Traurigkeit verarbeitet und überwunden werden.

8 Schulte, W. & Tölle, R. (1975), S. 66.

liegt übrigens oftmals auch die Chance eines zunächst nur negativ empfundenen Schicksalsschlags.

Es dürfte nun also klar geworden sein, warum wir Trauer und/oder Enttäuschung als angemessene Gefühle ansehen können. Sie motivieren (kommunikative) Verhaltensweisen, die …

1. … die Wiedererreichung des (verloren gegangenen beziehungsweise blockierten) Wunschziels fördern.
2. … die Realisierung neuer Wunschziele ermöglichen. So kann das Hauptlebensziel (relativ zufrieden oder glücklich zu leben) vielleicht auf einem anderen Weg erreicht werden.

Kommunikationstraining – Welches Gefühl führt (tendenziell) zu welchem (kommunikativen) Verhalten?

Sie sehen in der linken Spalte der folgenden Tabelle vier Gefühle aufgelistet (a, b, c und d), in der rechten Spalte sechs (kommunikative) Verhaltensweisen (1 bis 6). Die Frage lautet: Welche Emotionen lösen tendenziell welches (kommunikatives) Verhalten aus? Ordnen Sie also die sechs Verhaltensweisen den vier Gefühlen zu (Mehrfachnennungen möglich!).

Gefühl	*Verhalten*
a) Angst/Panik	1. Vorsichtige, wohlüberlegte Argumentation (zum Beispiel, wenn Sie mit Ihrem Partner über Ihre Zweifel hinsichtlich Ihrer Beziehung sprechen möchten)
b) Besorgnis	2. Aufbrausende Kritik (zum Beispiel, wenn Ihr Partner seine Malutensilien nicht aus dem gemeinsamen Wohnzimmer weggeräumt hat: „Verdammt, du mit deiner dauernden Schlamperei. Das kann doch kein Mensch aushalten. Wie konnte ich nur mit so jemandem zusammenziehen!“)
c) Wut	3. Denkblockade (zum Beispiel während einer mündlichen Prüfung)
d) milder Ärger	4. Sie äußern Ihre Meinung nicht (zum Beispiel in einem Teammeeting, weil Sie wissen, dass Ihre Kollegen diese nicht teilen)
	5. Aggressives Auftreten (Sie beschimpfen und beleidigen etwa einen Kellner, weil dieser sich weigert, eine offensichtlich nicht mehr frische Salatplatte zurückzunehmen)
	6. Selbstsicheres Auftreten (zum Beispiel ebenfalls im Restaurant: „Die Suppe ist fast kalt. Bitte bringen Sie mir eine warme!“)

Lesen Sie im Buch erst weiter, nachdem Sie Ihre Zuordnung vorgenommen haben:

a) Angst führt tendenziell zu der Verhaltensweise Nr. ....

b) Besorgnis führt tendenziell zu der Verhaltensweise Nr. ....

c) Wut führt tendenziell zu der Verhaltensweise Nr. ....

d) Verdruss führt tendenziell zu den Verhaltenstendenz(en) Nr. ....

Auflösung

Besorgnis (b) führt tendenziell zu vorsichtigem Verhalten und in kommunikativen Situationen dazu, dass Sie Ihre Worte wohl überlegen und auswählen (Nr. 1). Nicht hingegen Angst und Panik (a)! Denn diese Gefühle wirken sich eher störend in Kommunikationssituationen aus, beeinträchtigen die geistige Konzentration, mindern das Assoziationsvermögen und führen nicht selten zu einer Denkblockade[9] (Nr. 3). Angst vor Ablehnung (a) hat zudem tendenziell selbstunsicheres Verhalten zur Folge und führt beispielsweise dazu, dass Sie Ihre Meinung nicht frei äußern (Nr. 4).

Wut (c) ist oft der Auslöser für ein feindseliges und aggressives Kommunikationsverhalten (Nr. 2 und 5). Verdruss oder milder Ärger (d) motivieren hingegen zu selbstsicherem, die eigenen Interessen wahrenden Verhaltensweisen. Sie sagen, was Sie denken, und stehen für Ihre Wünsche und Forderungen ein (Nr. 6).

9 J. Wolpe, in: Arnold, W., Eysenck, H.J. & Meili, R. (Hrsg.) (1976). Lexikon der Psychologie, Band 581, Stichwort Angst: Pathologische Angstreaktionen, S.107.

Kommunikationstraining – Welche Gefühle verbergen sich hinter einem bestimmten Kommunikationsverhalten?

Nehmen Sie an, Sie sind Chef in einem großen Unternehmen. Ihr Abteilungsleiter Dr. Schuster, seit einem halben Jahr in dieser Position, scheint überfordert. In letzter Zeit häufen sich bei ihm Fehlentscheidungen, die Sie nur unter Aufwendung von viel Zeit und Energie mit Mühe kompensieren können. Ihr Angebot, Sie in schwierigen Fällen zurate zu ziehen, hat Dr. Schuster wiederholt nicht angenommen. Sie sprechen Dr. Schuster wie folgt darauf an:

> „Hören Sie mal! So geht das nicht weiter. Was Sie da veranstalten ist der größte Murks. Was glauben Sie denn eigentlich! Wegen Ihrem Mist kann ich mir das Wochenende um die Ohren hauen. Wie oft habe ich Ihnen schon gesagt, dass Sie mich bei schwierigen Entscheidungen zu konsultieren haben, Sie können hier nicht den Herrgott spielen. *Schuster* bleib bei deinen Leisten!"

Wählen Sie aus folgenden Emotionen diejenigen aus, von denen Sie glauben, dass sie am ehesten zu diesem kommunikativen Verhalten führen. Kennzeichnen Sie Ihre Wahl durch ein Kreuz.

Hilfestellung: Versuchen Sie, das jeweilige Gefühl nachzuempfinden und sagen Sie sich dabei den Satz an Dr. Schuster vor. Passt der Satz zum Gefühl?

Niedergeschlagenheit	( )
Schlechtes Gewissen	( )
Freude	( )
Wut	( )
Depression	( )

Angst	( )
Starker Ärger	( )
Schuldgefühle	( )
Besorgnis	( )
Zorn	( )
Enttäuschung	( )
Bedauern	( )
Groll	( )
Reue	( )
Verdruss/milder Ärger	( )

Auflösung

Es handelt sich um eine wütende, zornige Äußerung, die starken Ärger widerspiegelt. Vielleicht haben Sie auch *milden Ärger oder Verdruss* angenommen. Aber wie wir später noch sehen werden, führen diese Emotionen zu einem anderen Kommunikationsverhalten.

Wenn Sie *Groll* angekreuzt haben, liegen Sie im Prinzip richtig. Der Unterschied zu Zorn oder Wut besteht aber darin, dass Groll eher ein stiller Zorn ist, der oftmals zu lang anhaltenden Rachehandlungen motiviert. So würde ein grollender Mitarbeiter seine Äußerung wohl zunächst eher unterdrücken, um seine wahren Gefühle nicht zu verraten.

Alle anderen Emotionen sollten Sie ausgeschlossen haben. Freudige Botschaften, depressive Äußerungen und so weiter hören sich wahrhaftig anders an.

Selbstanalyse – Kommunikatives Verhalten als Folge meiner Gefühle

Versuchen Sie einmal, sich zurückzuerinnern und vervollständigen Sie die folgenden Sätze:

Als mein Wunschziel ....
blockiert war, reagierte ich mit dem oder den Gefühlen ....
....
und kommunizierte auf folgende Art und Weise (verhielt mich wie folgt): ....

Als mir eine Bitte abgeschlagen wurde, reagierte ich mit dem Gefühl
....
und sagte entsprechend: ....

Als mich mein Freund heftig kritisierte, reagierte ich mit dem Gefühl
....
und sagte zu ihm: ....

Ein alltäglicher Irrtum in Bezug auf Gefühle

Wenn Sie im Zusammenhang mit den beiden Übungen des vorherigen Abschnitts meiner Argumentation gefolgt sind, so können Sie also festhalten, dass Gefühle tendenziell bestimmte Verhaltensweisen „triggern“. Oder wie es der Philosoph V. J. McGill (1954) ausdrückte: „Die Emotionen enthalten ... eine Handlungserwartung bzw. -bereitschaft.“[10]

Doch wie kommen diese Gefühle, die unser (kommunikatives) Verhalten maßgeblich beeinflussen, zustande? Was löst sie aus? In meiner psychotherapeutischen Praxis stoße ich im Gespräch mit meinen Klienten diesbezüglich immer wieder auf eine weitverbreitete, aber irrtümliche Annahme, wie das folgende Gesprächsbeispiel verdeutlichen soll:

> Frau G. suchte mich anlässlich einer Ehekrise in meiner psychotherapeutischen Praxis auf. Bereits im ersten Gespräch eröffnete sie mir, sie sähe jetzt keinen anderen Weg mehr als denjenigen, sich von ihrem Mann zu trennen – außer ich würde ihr aufzeigen, wie sie in Zukunft die Konflikte mit ihrem Mann bewältigen könnte. Worin denn hauptsächlich diese Probleme bestünden, fragte ich sie.
> Frau G.: „Es ist die Art wie mich mein Mann behandelt, wenn wir über etwas verschiedener Meinung sind.“
> Therapeut: „Wie behandelt er sie denn?“
> Frau G.: „Nun, ich versuche, sachlich zu argumentieren, aber schon bald – vor allem dann, wenn ihm die Argumente ausgehen –, wird er persönlich und beschimpft mich als studierte Rechthaberin und Schlimmeres. Sie

10 Zitiert nach Ellis, A. (1977), S. 45.

müssen wissen, mein Mann hat einen recht erfolgreichen Handwerksbetrieb, aber er hat nicht studiert wie ich. Ich habe ihm übrigens noch nie vorgehalten, dass er kein Akademiker ist."

Therapeut: „Verstehe. Und wie geht es Ihnen damit?"

Frau G.: „Na ja, ich werde immer ziemlich wütend und im Endeffekt entwickeln sich regelmäßig Streitereien, die unser Verhältnis tagelang zerrütten."

Therapeut: „Und Sie sind der Meinung, das Verhalten Ihres Mannes macht Sie so wütend?"

Frau G.: „Allerdings. Wenn er sich da nicht ändert, sehe ich schwarz."

In dieser für viele Klienten typischen Antwort verbirgt sich ein Konzept über das Zustandekommen von Gefühlen, das ich das „Alltagskonzept der Emotionen"[11] nenne. Dabei gehen wir Menschen gewöhnlich davon aus, dass es

- äußere Umstände,
- gegenwärtige Ereignisse und Situationen
- oder frühere (Kindheits-)schicksale

sind, die unsere Emotionen verursachen.

So glauben viele Menschen, für ihre Niedergeschlagenheit sei zum Beispiel die Tatsache verantwortlich, dass der Partner oder die Partnerin sich von ihnen getrennt habe. Oder sie führen ihre bohrenden Gewissensbisse und Schuldgefühle darauf zurück, dass sie einen schwerwiegenden Fehler gemacht haben. Auch Frau G. meint, das Verhalten ihres Mannes sei der legitime, logische und direkte Grund für ihre Wut.

11 Schwartz, D. (2006), S. 14.

Bis zu einem gewissen Grad ist diese Annahme natürlich nicht ganz falsch, denn solche äußeren Umstände aktivieren unsere Gefühle. Daher werden sie in der berühmten Klinischen ABC-Theorie von Albert Ellis als Aktivierende Ereignisse oder Erfahrungen – beziehungsweise kurz und prägnant als „A“ – bezeichnet.

Aktivierende Ereignisse oder Erfahrungen …

… sind beispielsweise:

- eine erfolglose Stellenbewerbung
- Zurückweisung durch eine umworbene Person
- eine missglückte Rede
- eine Krankheit oder ein Unfall
- eine Panikattacke
- eine abfällige Bemerkung des Gesprächspartners

Selbstanalyse – Meine Aktivierenden Ereignisse oder Erfahrungen (A)

Versuchen Sie, sich anhand der Beispiele oben an ähnliche Aktivierende Ereignisse und/oder Erfahrungen in Ihrer Vergangenheit zu erinnern und notieren Sie diese in Ihr Arbeitsheft.

In Verbindung mit unseren Zielen und Wünschen stellen Aktivierende Erfahrungen sozusagen den „Input“ eines komplexen Prozesses dar, als dessen „Output“ Gefühle in Erscheinung treten. Wenn unsere Ziele (Z) durch Aktivierende Ereignisse (A) blockiert sind oder blockiert erscheinen, reagieren wir oftmals unmittelbar mit depressiver Verstimmung, Angstzuständen, feindseligen Gefühlen oder Schuldgefühlen – in der Klinischen ABC-Theorie werden diese Emotionen als emotionale Consequenzen (C) bezeichnet.

Selbstschädigende emotionale Consequenzen …
… sind beispielsweise:

- Wut
- Übermäßiger Ärger
- Feindseligkeit
- Hass
- Groll
- Angst
- Panik

- Depression
- Verzweiflung
- Minderwertigkeitsgefühl
- Tiefes Gekränktsein
- Gram

- Schuldgefühle
- Nagende Gewissensbisse

Fälschlicherweise machen wir nun sehr häufig die Aktivierenden Ereignisse für unsere emotionalen Consequenzen verantwortlich. Wir denken etwa: „Weil ich abgelehnt wurde (A) und dann deprimiert war (C), folgt C aus A. Weil sich mein Partner von mir getrennt hat (A), bin ich jetzt meinen depressiven Stimmungen (C) ausgeliefert." Falsch! Das wäre der irrige A-C-Schluss.

Der irrige A-C-Schluss im Alltagsdenken

A ————————————→ **C**

Trennung, Ablehnung **Depression, Wut, Angst**

Selbstanalyse – Meine emotionalen Consequenzen (eC)

Schauen Sie sich die Aktivierenden Ereignisse und Erfahrungen an, die Sie in Ihr Arbeitsheft notiert haben. Welche Gefühle haben Sie damals empfunden? Versuchen Sie, sich in die konkrete Situation zurückzuversetzen. Beispiel: Vielleicht sind Sie von Ihrem Vorgesetzten unberechtigterweise in Anwesenheit anderer Mitarbeiter heftig kritisiert worden. Was haben Sie in dieser Situation gefühlt?

Selbstanalyse – Meine Verhaltenskonsequenzen (bC)

Nun geht es darum herauszufinden, welche Folge Ihre Gefühle hatten und welches kommunikative Verhalten sie auslösten. Die Klinische ABC-Theorie von Albert Ellis spricht von behavorialen Consequenzen (bC) oder Verhaltenskonsequenzen.
Erinnern Sie sich an Ihre Reaktion und versuchen Sie folgende Fragen schriftlich zu beantworten: Was haben Sie gesagt und wie haben Sie es gesagt? Und/Oder: Was haben Sie im Gegenteil nicht gesagt, also vermieden? War Ihr kommunikatives Verhalten hilfreich für Ihre Ziele?

Gefühle entstehen in der Blackbox

Zurück zu meiner Klientin Frau G. Es hat mich natürlich nicht weiter erstaunt, dass auch sie mit dem Alltagskonzept über das Zustandekommen von Gefühlen in meine psychotherapeutische Praxis kam. Ich fuhr also fort:

Therapeut: „Nun, das Verhalten Ihres Mannes hat sicher in gewisser Weise dazu beigetragen, dass Sie wütend wurden, aber ganz sicher hat es Ihre Wut nicht verursacht."

Frau G.: „Nein? Das glaube ich aber doch!"

Therapeut: „Sehr viele Menschen glauben, dass ihre Gefühle automatisch durch das Verhalten anderer Menschen verursacht werden. Aber das stimmt nicht."

Frau G.: „Sondern? Warum bin ich denn dann so wütend geworden?"

Therapeut: „Das ist eigentlich sehr einfach – so einfach wie das ABC. Und genauso nennen wir auch die berühmte Klinische Theorie des amerikanischen Psychotherapeuten Albert Ellis, der die moderne Psychotherapie revolutioniert hat – die ABC-Theorie. A ist das Verhalten Ihres Mannes: Er bewertet Sie negativ, indem er Sie abfällig als Rechthaberin bezeichnet. "

Frau G.: „Er wirft mir noch ganz andere Sachen an den Kopf, das können Sie mir glauben."

Therapeut: „Okay. Gehen wir davon aus, dass er Sie beschimpft und nehmen wir das als A. Ihre Wut ist dann das C."

Frau G.: „So läuft es in der Tat."

Therapeut: „Nehmen wir einmal an, 100 Frauen wären in der gleichen Situation wie Sie – glauben Sie wirklich, dass alle 100 Frauen so wütend würden wie Sie? Und was ist mit Ihnen selbst? Haben Sie früher, wenn es ähnlich lief, immer wütend reagiert? Oder vielleicht reagieren Sie jetzt auch manchmal anders als mit Wut und Ärger?"

Frau G.: „Es kommt vor, dass ich mich eher niedergeschlagen fühle …"

Therapeut: „… genau wie einige der 100 Frauen in der gleichen Situation: Manche wären sehr deprimiert, andere sehr traurig und enttäuscht, aber nicht deprimiert. Sicher würden einige genau wie Sie wütend reagieren, wiederum andere aber nur irritiert und ein wenig ärgerlich."

Kurz gesagt: Identische Aktivierende Ereignisse müssen also nicht zwangsläufig bei jedem Menschen gleiche Reaktionen auslösen.

Antike Philosophie und moderne Psychotherapie

Bei dieser Feststellung handelt es sich durchaus nicht um eine neue Erkenntnis, wenngleich sie für die moderne Psychotherapie erst durch Albert Ellis und andere kognitive Verhaltenstherapeuten wie Aaron T. Beck wiederentdeckt wurde. Schon vor über 2000 Jahren haben sowohl stoische Philosophen wie Zenon, Seneca, Epiktet und Marc Aurel als auch östliche Denker wie Buddha diesen Grundgedanken verbreitet.

Der stoische Philosoph Epiktet (etwa 50 bis 138 n. Chr.)

Epiktet wurde bereits als Kind aus seiner kleinasiatischen Heimat, dem phrygischen Hierapolis, verschleppt und kam als Sklave in das Haus des Epaphroditos, der als treuer Diener des römischen Kaisers Nero Karriere gemacht hatte und steinreich war. Dieser Epaphroditos, der als ziemlich launenhafter Patron mit Peitsche und Hauskerker nicht sparte, aber auch gebildet war und großzügig sein konnte, erlag bald dem liebenswürdigen und gütigen Wesen Epiktets. Er ließ ihn frei und finanzierte sogar seine Studien bei den besten Lehrern Roms, unter anderem bei dem stoischen Philosophen Musonius. Zwei Jahrzehnte später lehrte Epiktet dann selbst in Rom, bis Kaiser Domitian alle Philosophen aus der Stadt verbannte. Epiktet zog nach Nikopolis und leitete dort bis zu seinem Tode eine philosophische Schule. Im Übrigen wissen wir nicht viel mehr über Epiktets Leben. Er war mit Kaiser Hadrian persönlich bekannt, der Epiktet wohl auch einmal in Nikopolis besuchte. Hingegen traf er mit Kaiser Marc Aurel, seinem großen Bewunderer und Verehrer, nie zusammen. Epiktet hat wie sein Vorbild Sokrates selbst keine Schriften veröffentlicht. Die von ihm erhaltenen Bücher basieren auf Aufzeichnungen seines Schülers Arrianus. Wie Sokrates ist auch Epiktet kein aufdringlicher Ratgeber, es geht ihm nicht um zwingende Vorbildhaftigkeit oder ehrfürchtige Nachahmung. Sein Thema sind vielmehr die existenziellen, also lebenspraktischen Fragen – es geht ihm um „Wege zum Glück“.

Insbesondere der berühmte Ausspruch von Epiktet wurde geradezu zum programmatischen Satz der modernen Kognitiven Psychotherapie, er lautet sinngemäß:

Nicht die Dinge an sich erschüttern die Menschen,
sondern ihre Sicht von den Dingen.[12]

12 In wortwörtlicher Übersetzung des altgriechischen Textes lautet das Zitat: „Nicht die Dinge erschüttern die Menschen, sondern ihre Dogmen über die Dinge.“ Es geht Epiktet also vielleicht um dogmatische Meinungen im Sinne der Muss-Annahmen von Albert Ellis, hierzu später ausführlich.

Die folgenden Beispiele aus den überlieferten Unterredungen Epiktets habe ich ausgewählt, weil sie ebenfalls die Grundgedanken der ABC-Theorie darlegen. Die Einfügungen und Kommentare in Klammern stammen von mir und dienen der Verdeutlichung.

Die ABC-Theorie in Epiktets *Handbuch der Moral*[13]

Nicht die Dinge selbst (A), sondern die Meinungen (B) über dieselben (A) beunruhigen (C) die Menschen. So ist der Tod an und für sich (A) nichts Schreckliches, sonst wäre er auch dem Sokrates so vorgekommen (das wäre der irrige A-C-Schluss); vielmehr ist die vorgefasste Meinung (B) von ihm, dass er etwas Schreckliches sei, das Schreckhafte. Wir wollen daher, wenn wir von etwas gehindert, beunruhigt oder betrübt werden (C), niemals andere anklagen (als Ursache sehen), sondern uns selber, nämlich unsere Meinung davon (B). Seines Unglücks wegen andere anklagen, ist die Art der Ungebildeten, sich selbst, die der Anfänger, noch sich, die der gebildeten und vollständig erzogenen.

Ähnlich äußert sich Marc Aurel[14], der „Philosoph auf dem Kaiserthron“:

Alles ist Meinung (B), und diese hängt ganz von dir ab (wir sind Herr über unsere Gedanken). Räume also, wenn du willst, die (selbstschädigende) Meinung (von etwas, A) aus dem Wege, und gleich dem Seefahrer, der eine Klippe umschifft hat, wirst du unter Windstille auf ruhiger See (C) in den sicheren Hafen einfahren.

Weiter geht es bei Epiktet:

Haltung bewahren
Beginnst du irgendein Werk, so bedenke genau, von welcher Art es sei. Willst du baden gehen, so erwäge zuvor bei dir selbst, was sich alles im Bade zu ereignen pflegt (A), dass einige sich herausdrängen (A), andere ungestüm hineinstürzen (A), einige schimpfen (A), andere stehlen (A). Daher wirst du mit größerer Sicherheit die Sache unter-

13 Projekt Gutenberg, Epiktet, *Handbuch der Moral*, Übers. C. Hilty.

14 Projekt Gutenberg, Marc Aurel, *Des Kaisers Marcus Aurelius Antonius Selbstbetrachtungen*, Zwölftes Buch, Übers. A. Wittstock.

nehmen, wenn du dir vor vornherein sagst (B): „Ich will baden und dabei meine vernunftgemäßen Entschlüsse behaupten."
So verfahre bei jedem Werke. Dann hast du, wenn sich während des Badens irgendetwas Hinderndes ereignet (A), sogleich den Gedanken (B) bei der Hand: „Nicht bloß dieses wollte ich, sondern auch meinen freien Willen und Charakter bewahren. Ich würde ihn aber nicht behaupten, wenn ich über das, was hier vorgeht, ungehalten sein wollte." (B steht also für „den Gedanken haben" oder eine „Botschaft an sich selbst" richten, also Selbstkommunikation.)

Was in unserer Macht steht
Einige Dinge stehen in unserer Macht, andere hingegen nicht. In unserer Macht sind Urteil (B oder unsere Botschaft an uns selbst), Bestrebung, Begier und Abneigung, mit einem Wort alles das, was Produkt unseres Willens ist. Nicht in unserer Macht sind unser Leib, Besitz, Ehre, Amt, und alles was nicht unser Werk ist (A).
Was in unserer Macht ist, ist seiner Natur gemäß frei (B, die Gedanken sind frei), kann nicht verboten oder verhindert werden; was aber nicht in unserer Macht steht, ist knechtisch, kann verwehrt werden, gehört einem anderen zu. Deshalb bedenke, dass du Hinderung erfahren, in Trauer und Unruhe geraten, ja sogar Götter und Menschen anklagen wirst, wenn du das von Natur Dienstbare für frei und das Fremde für dein eigen ansiehst (sinngemäß: wenn du glaubst, du seist Herr über die Aktivierenden Ereignisse und könntest sie also nach deinem Wunsch formen). Hältst du dagegen für dein Eigentum nur, was wirklich dein eigen ist (die Botschaft an dich selbst, also B), und betrachtest das Fremde als fremd, so wird dich niemand jemals zwingen oder hindern; du wirst niemanden anklagen oder beschimpfen, und nicht das geringste mit Widerwillen tun; niemand kann dir schaden; du wirst keinen Feind haben, und nichts, was dir nachteilig sein könnte, wird dir begegnen.

Willst du nun aber nach so großartigen Dingen trachten, so bedenke, dass du sie nicht bloß mit mittelmäßigen Ernste angreifen, sondern manches gänzlich aufgeben, anderes einstweilen hintansetzen musst. (Keine Angst, das Ziel, das wir in diesem Buch verfolgen, erfordert zwar auch ein wenig Anstrengung, aber es ist nicht ganz so schwer zu erreichen.)

Nicht zu viel verlangen
Begehre nicht, dass die Sachen in der Welt gehen, wie du es willst (= wünschst), sondern wünsche (akzeptiere!) vielmehr, dass alles was geschieht, so geschehe, wie es geschieht (weil es nicht änderbar ist!), dann wirst du glücklich (unser bescheidneres Ziel: zufriedener) sein.

Beleidigungen können mich nicht treffen
Erwäge, dass nicht der dich misshandelt, welcher dich lästert (A) oder schlägt, sondern deine Vorstellung (B), dass dies eine Schande sei. Macht dich jemand böse (A, beleidigt er dich), so reizt (C, im Sinne von emotional verletzen) dich nur deine eigene Vorstellung (B, Botschaft an dich selbst). Bemühe dich also vor allem, nie im Augenblicke von ihr (der eigenen Meinung, B) hingerissen zu werden; später, wenn du einmal Zeit zur Überlegung (zum Verändern von B!) gehabt hast, wirst du dich schon beherrschen können.

Schalten wir uns jetzt wieder in mein Therapiegespräch mit Frau G. ein. Auf das 100-Personen-Beispiel entgegnete sie mir:

Frau G.: „Nun ja, aber woran liegt es, dass Menschen so unterschiedlich auf ein und dasselbe Ereignis reagieren? Und was ist der Grund dafür, dass ich so wütend werde?“
Therapeut: „Das B im ABC!“
Frau G.: „B? Was meinen Sie damit?“
Therapeut: „Damit meine ich das, was Sie zu sich selbst gesagt haben, als Ihr Mann Sie beschimpfte.“
Frau G.: „Ich habe mir aber nichts gesagt.“
Therapeut: „Hätten Sie nicht auf eine bestimmte Art und Weise mit sich gesprochen, dann wären Sie niemals wütend geworden. Nehmen wir noch einmal das Beispiel mit den 100 Personen in der gleichen Situation. Überlegen Sie: Was sagen sich Ihrer Meinung nach beispielsweise die zehn Frauen, die innerlich eher ruhig und gelassen bleiben?“

Frau G.: „Hm, na vielleicht so etwas wie: ‚Lass ihn reden, er ist ja nur neidisch‘, oder so …“
Therapeut: „Gut! Wie bewerten also diese Frauen das Ereignis?“
Frau G.: „Die nehmen es nicht so tragisch.“
Therapeut: „Exakt! Und nun versetzen Sie sich doch noch einmal kurz in die Situation als Sie Ihr Mann beschimpft hat. Was ging Ihnen da durch den Kopf?“
Frau G.: „Hm, ich glaube so etwa: ‚Wie schrecklich, dass er seine Minderwertigkeitskomplexe an mir auslässt. Ich hab ihm doch gar nichts getan.‘ Ja, ich glaube, das und so ähnliche Sachen habe ich zu mir gesagt.“

Botschaften an uns selbst

Im Gegensatz zu unserem Alltagsdenken geht also das ABC-Modell davon aus, dass zwischen dem Aktivierenden Ereignis und der emotionalen Consequenz unsere Interpretationen sowie unsere persönlichen Stellungnahmen und Bewertungen des Ereignisses stehen.

Botschaften an uns selbst …

… in Form von:

- subjektiven Wahrnehmungen
- Interpretationen
- BEWERTUNGEN

Am bedeutendsten für die emotionalen Folgen scheinen hierbei diejenigen Botschaften an uns selbst zu sein, die Bewertungen oder persönliche Stellungnahmen enthalten. In unserem Alltagsverständnis nehmen wir irrtümlich an, dass ein bestimmtes Ereignis unsere Gefühle auslöst. Dem ist aber nicht so, denn zwischen A und C befindet sich B – die Blackbox. Betrachten sie folgendes Beispiel: Ein Lehrer ist wütend, weil – so nimmt er an – seine Schüler dem Unterricht nicht folgen.

Aktivierendes Ereignis		*Emotionale Consequenz*
Dass meine Schüler schwatzen und unaufmerksam sind, während ich unterrichte …	?	… macht mich immer total wütend.

Entscheidend für seine Wut ist jedoch in Wirklichkeit das, was sich in der Blackbox abspielt:

Aktivierendes Ereignis	*Botschaft an sich selbst*	*Emotionale Consequenz*
Dass meine Schüler schwatzen und unaufmerksam sind, während ich unterrichte …	… interpretiere ich als Desinteresse an meinem Unterricht. Das bewerte ich als furchtbare Unverschämtheit, die bestrafungswürdig ist …	… und diese Interpretation macht mich total wütend.

Im Folgenden sind Alltagstheorie und ABC-Theorie beispielhaft gegenübergestellt, das soll Ihnen noch einmal den Unterschied verdeutlichen:

Alltagstheorie	*ABC-Theorie*
Ich bin total niedergeschlagen (C), weil das Bewerbungsgespräch nicht erfolgreich für mich endete (A).	Das Bewerbungsgespräch war nicht erfolgreich (A). Das bedeutet also, dass ich ein Versager auf der ganzen Linie bin (B). Als Folge dieser Bewertung fühle ich mich depressiv (C).
Nächste Woche ist meine Abschlussprüfung. Da ich sie möglicherweise nicht bestehe (A, Annahme über ein Ereignis in der Zukunft), macht mir diese Prüfung schreckliche Angst (C).	Meine Abschlussprüfung nächste Woche bestehe ich möglicherweise nicht (A). Schrecklich! Das wäre das Ende! (B). Daher reagiere ich schon jetzt mit Panik (C).

Kommunikationstraining – Identifizieren Sie irriges A-C-Denken

Überlegen Sie, welche Selbstkommunikation oder welche Botschaften an sich selbst (ich werde beide Begriffe ab sofort synonym verwenden) dem Alltagsverständnis über das Zustandekommen von Gefühlen entsprechen – also den irrtümlichen A-C-Schluss beinhalten.

1. Der Anruf meines Chefs hat mich total geärgert.
2. Ich habe mich ganz schön aufgeregt über das Verhalten meines Nachbarn.
3. Mit dem, was er über mich sagte, hat er meine Gefühle verletzt.
4. Nachdem sie mir erzählt hatte, was ihr im Urlaub Schreckliches passiert war, hat mich das den Rest des Tages deprimiert.
5. Ich war vielleicht wütend, als ich die schlechte Note bekam.
6. Mein Sohn nervt mich mit seiner ewigen Bettelei nach mehr Taschengeld.

Auflösung

Botschaften, die den irrigen A-C-Schluss enthalten, also andere Personen oder Situationen (Aktivierende Ereignisse!) dafür verantwortlich machen, dass wir uns schlecht fühlen, sind die Aussagen 1, 3, 4 und 6.

Mit den Aussagen 2 und 5 werden hingegen nur die Gefühle („aufgeregt" beziehungsweise „wütend") benannt, ohne das „Verhalten des Nachbarn" (A) beziehungsweise „die Noten" (A) als unmittelbare Ursache im Sinne eines A-C-Schlusses zu benennen. Besonders Aussage 2 betont die Eigenverantwortlichkeit („Ich habe …") für die entstandenen Emotionen im Sinne der ABC-Theorie.

Um meiner Klientin das ABC-Modell zu verdeutlichen, fuhr ich fort:

> Therapeut: „Genau das meine ich mit B! Und es ist praktisch immer das B, mit dem Sie selbst in entsprechenden Situationen emotionale Reaktionen erzeugen.
> Vergleichen Sie das Aktivierende Ereignis etwa mit dem Betätigen eines Klingelknopfes. In Ihrer Wohnung im dritten Stock befindet sich die Klingel, diese symbolisiert die emotionale Consequenz. Nun nehmen Sie an, es klingelt. Warum klingelt es?"
> Frau G.: „Warum es klingelt?"
> Therapeut: „Ja, was ist der Grund dafür, dass es klingelt?"
> Frau G.: „Unten steht jemand und drückt auf den Knopf."
> Therapeut: „Was für eine Magie! Man drückt auf einen Knopf und irgendwo klingelt es …"

Frau G. (lachend): „... schon gut, ich habe verstanden. Es bedarf natürlich einer funktionsfähigen Klingelleitung, damit das Signal oben ankommt."
Therapeut: „... und das ist B! Also: Wenn Ihnen etwas auf den Kopf fällt, kann das bei Ihnen eine Schmerzempfindung auslösen. Im Gegensatz dazu können beleidigende Worte und Beschimpfungen oder auch nonverbale Gesten, Mimik und so weiter nur dann Gefühle auslösen, wenn Sie sozusagen Knopf und Klingelleitung zur Verfügung stellen, wenn Sie es also zulassen!"
Frau G.: „Das heißt also, dass ich nicht wütend geworden bin (C), weil mir mein Mann ziemlich unschöne Worte an den Kopf geworfen hat (A) ..."
Therapeut: „... sondern weil Sie sich selbst zusätzlich bestimmte Dinge an den Kopf geworfen haben (B), wenn wir bei Ihrem Bild bleiben wollen. Oder anders gesagt: Sie fühlten wie Sie dachten."

Da sich unser alltägliches Denken häufig in Form von Wörtern, Redewendungen und Sätzen vollzieht, können wir sagen, dass bestimmte Gefühle häufig (nicht immer[15]) durch innere Selbstgespräche beziehungsweise Botschaften an uns selbst ausgelöst werden. Hierzu drei Beispiele. Lesen Sie aufmerksam die folgenden Selbstgespräche und testen Sie Ihr Verständnis.

15 Auch durch die direkte Einwirkung von Drogen, zum Beispiel Alkohol oder elektrischen Impulsen, auf die Nervenzellen können Emotionen ausgelöst werden.

Kommunikationstraining – Denken als inneres Selbstgespräch oder Kommunikation mit sich selbst

An der Bar einer angesagten Lounge sitzt ein junger Mann. Neben ihm nippt ein attraktives Mädchen an seinem Cocktail. Gerne würde der Mann ein Gespräch mit der jungen Dame beginnen. Er führt möglicherweise eines der drei folgenden inneren Selbstgespräche:

1. Selbstgespräch

> „Die gefällt mir aber sehr ... Ich würde gerne Kontakt knüpfen und ein Gespräch mit ihr beginnen ... Aber vielleicht reagiert sie abweisend? Das wäre mir unangenehm ... allerdings bin ich dann auch nicht schlechter dran als jetzt ... außerdem, sie muss mich ja nicht abweisen ... vielleicht ergibt sich ein nettes Gespräch ... das wäre doch toll ... am besten ich gehe das Risiko einfach ein und frage sie mal, wie ihr der Cocktail schmeckt."

Welches Gefühl stellt sich aufgrund dieses inneren Selbstgesprächs ein? Wählen Sie von den drei Möglichkeiten eine aus und kreuzen sie an, bevor Sie weiter lesen:

( ) Angst ( ) Lampenfieber ( ) freudige Erregung

2. Selbstgespräch

> „Die gefällt mir aber sehr ... Ich würde gerne Kontakt knüpfen und ein Gespräch mit ihr beginnen ... aber sie könnte mich auflaufen lassen oder abweisen ... Au Mann, das wäre schrecklich! Oder sie könnte sich zwar

> auf eine paar Worte einlassen, aber dann merken, dass ich ein langweiliger Gesprächspartner bin … oder mir fällt nichts mehr ein … dann würde sie mich verachten und vielleicht sogar beleidigen … *Das* könnte ich nicht aushalten!“

Welches Gefühl löst dieses Selbstgespräch aus? Wählen Sie:

( ) Angst ( ) Lampenfieber ( ) freudige Erregung

3. Selbstgespräch

> „Die gefällt mir aber sehr … Ich würde gerne Kontakt knüpfen und ein Gespräch mit ihr beginnen … Vielleicht ergibt sich ein tolles Gespräch und ich gefalle ihr … Und vielleicht wäre es sogar der Beginn einer tollen Freundschaft … so ein hübsches Mädchen als meine Freundin … das wäre Spitze. Da habe ich eine super Gelegenheit!“

Welches Gefühl ist hier die Folge? Wählen Sie:

( ) Angst ( ) Lampenfieber ( ) freudige Erregung

Auflösung

Das erste Selbstgespräch zeigt, dass der junge Mann Lampenfieber hat. Er ist ein wenig besorgt und weiß, dass der Erfolg einer Aktion nicht garantiert ist und es nicht sicher ist, ob die Situation wunschgemäß verlaufen wird oder nicht. Er erkennt das Risiko, ist aber bereit, es einzugehen.

Das zweite Selbstgespräch löst mit Sicherheit Angst aus und das führt dann wahrscheinlich dazu, dass der junge Mann eine „tolle Gelegenheit“ ungenutzt verstreichen lässt.

Das dritte Selbstgespräch hingegen bewirkt freudige Erregung, die wahrscheinlich schon an einem Lächeln auch nach außen hin sichtbar wird, bevor der junge Mann noch das erste Wort sagt. Das Lächeln erhöht seine soziale Attraktivität und damit seine Chancen, bei der jungen Dame gut anzukommen.

Selbstanalyse – Mein Selbstgespräch

In den vorangegangen Selbstanalysen wurden Sie aufgefordert, sich zu notieren, was Sie infolge bestimmter Ereignisse fühlten (emotionale Consequenzen) und wie Sie sich verhielten (Verhaltenskonsequenzen). Erinnern Sie sich nun noch einmal an die Situationen und überlegen Sie, welche Selbstgespräche (B) diese konkreten Gefühle und Ihr jeweiliges Verhalten ausgelöst haben könnten. Wie haben die Sätze gelautet, die Sie damals zu sich sagten?

Denken, Fühlen und Verhalten

Mittlerweile haben Sie bereits ein gutes Gespür für die grundlegenden Zusammenhänge der menschlichen Psyche entwickelt, insbesondere was den Zusammenhang von Denken, Fühlen und Verhalten betrifft. Wir wollen dieses Verständnis noch etwas vertiefen und einen kleinen Ausflug in die Psychologie unternehmen. Betrachten Sie dazu folgende Abbildung:

Das psychische Leben der Person[16]*: Erleben und Verhalten*

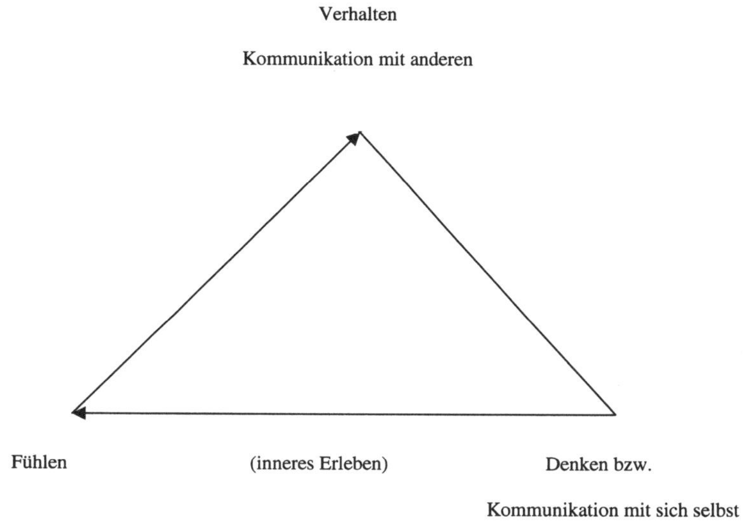

Das Dreieck veranschaulicht modellhaft das psychische Leben des Menschen und die grundlegenden Vorgänge: Denken oder die Kommunikation mit sich selbst führt demnach zu bestimmten Emotionen und diese triggern wiederum bestimmtes (kommunikatives) Verhalten. Denken und Fühlen können wir auch als inneres Erleben zusammenfassen, Verhalten repräsentiert hingegen die äußere sichtbare Seite des psychischen Lebens. Da wir uns in diesem Buch nicht hauptsächlich mit menschlichem Verhalten allgemein, sondern im Speziellen mit Kommunikation beschäftigen, habe ich dies in der Abbildung bereits berücksichtigt. Wie Sie sehen können, findet Kommunikation sowohl als nach außen gerichtetes Verhalten (Kommunikation mit anderen) als auch als inneres Selbstgespräch statt.

16 Vgl. auch Pongratz, Ludwig J. (1973), S. 18 ff.

Die kognitive Revolution

Das wechselhafte Zusammenspiel von Denken, Fühlen und Verhalten ist allerdings weitaus komplexer als man zunächst annehmen könnte – vergleichbar mit ineinandergreifenden Zahnrädern, wie sie die Abbildung unten zeigt. Bewegt sich ein Zahnrad, so bewegen sich die beiden anderen auch. Möchten Sie also, dass sich ein bestimmtes Zahnrad bewegt, so haben Sie im Prinzip drei Möglichkeiten, dies zu erreichen: Durch direkte Einwirkung auf das bestimmte Zahnrad oder durch Bewegen eines der beiden anderen Zahnräder.

Denken, Fühlen und Verhalten greifen ineinander

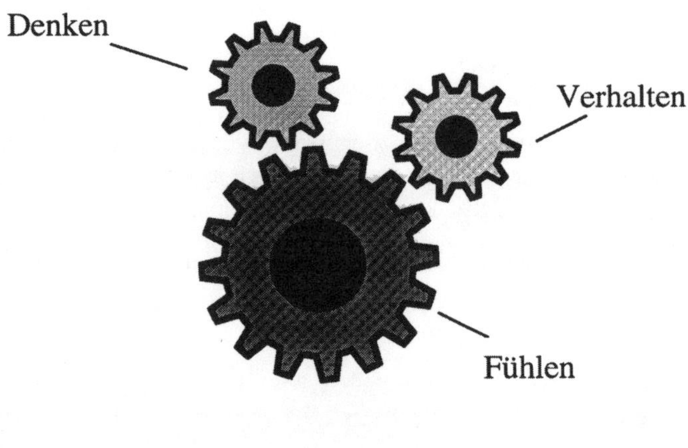

Nehmen wir beispielsweise eine Person, die an einer Fahrstuhlphobie leidet, das heißt, sie empfindet eine starke Angst vor dem Fahren mit Aufzügen. Dramatischerweise lassen wir diese Person noch in New York City, Manhattan, leben und in einem Hochhausbüro arbeiten.

Wie kann nun der gepeinigte New Yorker sein Gefühlszahnrad, das auf Angst eingestellt ist, so bewegen, dass es vielleicht nur noch leichte Nervosität anzeigt? Es gibt wie oben erwähnt drei Möglichkeiten, die Zahnräder und damit auch das Gefühlszahnrad in Bewegung zu setzen:

- Unmittelbare Einflussnahme auf das (Zahnrad) Fühlen
- Mittelbare Einflussnahme über das (Zahnrad) Verhalten
- Mittelbare Einflussnahme über das (Zahnrad) Denken, also Selbstkommunikation

Die erste Möglichkeit könnte wie folgt aussehen: Unser Fahrstuhlphobiker lässt sich von seinem Arzt einen Tranquilizer, also ein angstlösendes Psychopharmakon, verschreiben und ist angstfrei, solange die Wirkung des Medikaments anhält. Nachteil: Bei regelmäßiger Einnahme besteht die Gefahr der Gewöhnung und der Abhängigkeit. Außerdem nimmt der Tranquilizer dem Phobiker unter Umständen auch jegliche Motivation, die Möglichkeiten zwei und drei zu erwägen, denn mit dem Medikament ist er ja nun vollkommen angstfrei – wenn er auch Gefahr läuft, abhängig zu werden. Ähnlich drehen viele Menschen an der Gefühlsschraube, indem sie auf eine weitverbreitete Droge zurückgreifen, die ebenfalls angstlösend wirkt: Alkohol. Die Nachteile sind offensichtlich.

Die zweite Möglichkeit besteht darin, dass der phobische New Yorker irgendwie dazu gebracht wird, einfach ins kalte Wasser zu springen. Und weil einmal nicht helfen würde, muss er sehr oft ins kalte Wasser springen – also beispielsweise hundertmal mit dem Fahrstuhl bis zur Plattform des Empire State Building fahren, am besten an windigen Tagen, wenn die oberste Plattform schwankt. Nach dieser Gewaltprozedur wird die Phobie aller Voraussicht nach buchstäblich wie weggeblasen sein.

Aber: Wie bringt man den vor Angst schlotternden New Yorker dazu? Die Aussichten sind gering, es sei denn, eine solche Konfrontation wird während einer Kognitiven Verhaltenstherapie durchgeführt. Und selbst dann muss der Klient erst überzeugt werden.

Die dritte Möglichkeit besteht in der Einflussnahme auf das Denken beziehungsweise die Selbstkommunikation. In der Sprache der Rational-Emotiven und Kognitiven Verhaltenstherapie: Das B – die Botschaft an sich selbst – muss verändert werden! Die Erkenntnis, dass man auf diese Art und Weise Einfluss auf Gefühle nehmen kann, leitete in den letzten Jahrzehnten des 20. Jahrhunderts eine große Wende in der Verhaltenstherapie ein – die sogenannte kognitive Revolution. Sie wurde initiiert durch die Pionierarbeit des amerikanischen Psychotherapeuten Albert Ellis.

Albert Ellis – Pionier der Kognitiven Verhaltenstherapie

Der am 27. September 1913 in Pittsburg, Pennsylvania, geborene und seit seiner Kindheit in New York lebende Albert Ellis (wo er im Alter von 93 Jahren am 24. Juli 2007 verstarb) studierte ab 1942 an der Columbia University in New York Psychologie und promovierte mit einer viel beachteten Arbeit über Fragebogentests zum Doktor der Philosophie. Danach war er außerordentlicher Professor für Psychologie an der Rutgers University, der United States International University und der Pittsburg State University. Nachdem er als leitender Psychologe an verschiedenen klinischen und diagnostischen Instituten tätig gewesen war, eröffnete er 1952 eine eigene psychoanalytische Praxis in New York. Nach langjähriger Lehranalyse und Supervision bei dem aus Deutschland emigrierten und am Karen Horney Institute tätigen bekannten Dadaisten und Psychoanalytiker Richard Huelsenbeck alias Charles R. Hulbeck versuchte Ellis die psychoanalytische Methode zunächst zu optimieren. Schließlich wurden seine Zweifel an der therapeutischen Wirksamkeit der Psychoanalyse jedoch so groß, dass er sich etwa ab 1955 entschloss, ein eigenes, neues Verfahren zu entwickeln. Die Rational-Emotive Verhaltenstherapie war (zunächst noch unter dem Namen Rationale Therapie beziehungsweise Rational-Emotive Therapie) geboren und entwickelte sich in den folgenden Jahrzehnten zu einer der einflussreichsten Therapieansätze der zweiten Hälfte des 20. Jahrhunderts. Albert Ellis wurde so zum Vater der Rational-Emotiven Verhaltenstherapie und Pionier der Kognitiven Verhaltenstherapie.

Aaron T. Beck 2007 über Albert Ellis:
„Dr. Albert Ellis ist einer der größten Innovatoren, Psychotherapeuten und Psychologen aller Zeiten. Seine frühe Arbeit zur … RET (Rational-Emotive Therapie) bereitete den Weg für eine Reihe nachfolgender effektiver Psychotherapieansätze, einschließlich der KVT (Kognitive Verhaltenstherapie). Seine ABC-Theorie sowie seine Betonung der Bedeutung von Selbstkommunikation und Beliefs kündigte meine Arbeit über automatische Gedanken und Beliefs an. REVT (Rational-Emotive Verhaltenstherapie) ist eine der bedeutendsten zeitgenössischen Psychotherapieansätze.“[15]

Die innere, kognitive Seite des psychischen Lebens einer Person rückte somit also in das Zentrum der therapeutischen Bemühungen, Verhalten zu beeinflussen und zu verändern. Seither werden die kognitiven Methoden in der Psychotherapie weltweit erfolgreich angewandt – und auch mein Training kommunikativer Fähigkeiten baut auf diesen Erkenntnissen auf. Im Folgenden werden daher die unterschiedlichen Aspekte hinsichtlich der Botschaften an uns selbst noch ausführlich Thema sein.

Selbstanalyse – Wie beeinflusse ich meine Gefühle?

Ich bin sicher, auch Sie haben in Ihrem Leben schon versucht, an allen drei Zahnrädern zu drehen, um Gefühle zu verändern. Versuchen Sie sich zu erinnern:

1. Haben Sie schon einmal versucht, unmittelbar an der Gefühlsschraube zu drehen, zum Beispiel mit Alkohol, Beruhigungsmitteln, Tranquilizern oder Ähnlichem? In welcher Situation? Erinnern Sie sich an die Nachteile? Haben Sie auf diese Weise dauerhaft Ihre Gefühle positiv verändert?

17 *Albert Ellis News From His Friends & Supporters*, 18.7.2006

2. Haben Sie schon einmal versucht, aktiv Ihr Verhalten zu beeinflussen und zu verändern. Haben Sie versucht diese Änderung zu erzwingen? In welcher Situation? Gab es Nachteile?

3. Haben Sie schon einmal versucht, Ihre Gedanken in eine andere Richtung zu lenken? In welcher Situation, war das der Fall? Was haben Sie sich selbst gesagt? Hatten Sie damit Erfolg? Wenn ja, dann ist das eine prima Voraussetzung, um diese Methode zu perfektionieren. Und wenn nicht? Nun, 99 Prozent aller Menschen wissen nicht, wie sie gezielt und wirksam mit sich selbst kommunizieren können, um ihre Gefühle positiv zu verändern. Schließlich lehrt das auch keine Schule und kaum ein Elternhaus. Aber keine Sorge, Sie sind jetzt auf dem besten Weg, Mitglied im exklusiven Ein-Prozent-Klub zu werden.

Teil III
Selbstkommunikation optimieren

Die Bedeutung der Kommunikation mit sich selbst für die Kommunikation mit anderen

Menschen sind gesellige Wesen. Sie wenden viel Zeit und Energie auf, um miteinander zu kommunizieren. Seit Tausenden von Jahren sprechen sie zueinander von Angesicht zu Angesicht und – seitdem dem deutschen Erfinder Philipp Reis 1861 die erste brauchbare Fernübertragung von Sprache gelang – auch per Telefon. Noch vor wenigen Jahren bedurfte es hierzu eines gigantischen Leitungsnetzes, dann kam das leitungsunabhängige Handy, das es ermöglichte, praktisch zu jeder Zeit und an jedem Ort mit der ganzen Welt zu kommunizieren. Über 90 Prozent aller Jugendlichen in Deutschland haben mindestens ein Handy! Auch der schriftliche Austausch von Mitteilungen entwickelte sich ähnlich rasant. Mussten schriftliche Botschaften seit der Antike von menschlichen Boten überbracht werden, wurde im vorherigen Jahrhundert parallel zur Telefonie die Telegrafie erfunden, diese funktionierte zunächst kabelgebunden, später ebenfalls drahtlos. Heute ermöglicht das Internet einen gigantischen Kommunikationsaustausch per elektronischer Mail oder über Chatrooms. Beim Handy hat die schriftliche SMS das mündliche Telefonieren, zumindest bei Kindern und Jugendlichen, sogar bereits überholt.

Daneben gibt es noch viele andere Formen der Kommunikation – beispielsweise über Medien wie Film, Fernsehen, Zeitschriften und Bücher. Allerdings handelt es sich dabei meist um eine einseitige, oftmals zeitlich versetzte Kommunikation. Sie sind beispielsweise als Leser gerade Empfänger einer solchen Botschaft: Ich „spreche" zu Ihnen in dem Augenblick, wenn ich diese Botschaft in den PC tippe, aber Sie erreicht meine Mitteilung erst viel später. Werbebotschaften wie TV-Spots und Anzeigen im Internet oder in Printmedien sind ein weiteres Beispiel für einseitige, meist zeitversetzte Kommunikation.

Bei all den hier erwähnten kommunikativen Situationen handelt es sich um Kommunikation *mit anderen* – das heißt, Sender und Empfänger sind verschiedene Personen. Kommunikation bedeutet also, dass ein Sender eine bestimmte Botschaft sendet und davon ausgeht, dass sie beim Empfänger ankommt und „richtig" verstanden wird. An dieser Stelle aber beginnen die Probleme, denn Menschen in ihren mehr oder minder alltäglichen Beziehungsgeflechten – etwa Familie, Freundschaften, berufliches Umfeld und so weiter – sind ständig damit konfrontiert, dass Botschaften nicht so ankommen wie es der jeweilige Sender gerne hätte. Man könnte geradezu sagen, es wird beim Austausch von Botschaften genauso viel missverstanden wie verstanden – mit mehr oder weniger unangenehmen Folgen für die Beteiligten. Deshalb ist der Wunsch, kommunikative Fähigkeiten zu optimieren, auch nicht ganz neu und eine kaum überschaubare Zahl von Ratgebern behandelt Themen wie etwa „Richtig streiten in der Partnerschaft", „Gespräche führen mit Kindern", „Kommunikation zwischen Arzt und Patienten", „Kommunikationsstrategien für den Beruf" und so weiter.

Obwohl es gute Bücher zu diesen Themenbereichen gibt, beschäftigen sich fast alle ausschließlich mit dem kommunikativen Verhalten zwischen unterschiedlichen Personen und es werden Kommunikationsstrategien entwickelt, die dabei helfen sollen, die eigenen Ziele im Gespräch *mit anderen* zu erreichen. Jedoch zeigt sich sehr oft, dass Menschen, auch wenn sie den Vorteil einer bestimmten Kommunikationsstrategie kennen, diese Theorie gar nicht umsetzen können. Meist scheitern die besten Vorsätze schon in der nächsten Auseinandersetzung mit dem Partner, einem Kollegen oder Freunden. Vom Eheberater oder Kommunikationstrainer gefragt, warum sie denn wider besseren Wissens in das alte Muster verfallen sind, heißt es oftmals: „Ich weiß es nicht. Irgendwie kam es einfach dazu."

Einer wirksamen und nachhaltigen Veränderung selbstschädigender Kommunikationsmuster muss daher eine umfassende Analyse des kommunikativen Verhaltens vorausgehen. Es reicht offensichtlich nicht aus, nur Erfolg versprechende kommunikative Verhaltensweisen zu empfehlen, ohne gleichzeitig die emotionalen und kognitiven Weichen dafür zu stellen, dass ein solches neues, erfolgreiches kommunikatives Verhalten auch möglich wird. Wenn wir unsere Kommunikation mit anderen verbessern wollen, müssen wir die Gründe kennen, die zu schlechter Kommunikation führen. Nur zu wissen, wie man theoretisch gut kommuniziert, genügt nicht.

Die meisten von uns wissen beispielsweise, dass wir nicht viel erreichen, wenn wir unseren Partner, die Eltern oder Freunde anlässlich eines Konflikts anschreien oder beleidigt schmollen. Wir wissen, dass es sich dabei um schlechte Kommunikation handelt, die unsere Ziele eher sabotiert als befördert. Und dennoch kommunizieren wir immer wieder auf ähnliche selbstschädigende Weise. Warum? Diese Frage haben wir bereits teilweise beantwortet und erkannt, dass vor allem unangemessene Gefühle ein erfolgreiches Kommunikationsverhalten verhindern. Diese Gefühle wiederum werden von selbstschädigenden Botschaften an uns selbst ausgelöst. Doch wie sehen diese Botschaften aus und wie können wir sie vermeiden beziehungsweise umformulieren? Darum soll es im Folgenden gehen.

Menschen konstruieren ihre eigene (Gefühls-) Welt

Wir sollten uns einmal fragen, was wir Menschen wirklich bewusst wahrnehmen. Erfahren wir die Wirklichkeit tatsächlich als das, was sie ist, und genau so, wie sie ist? Die Antwort lautet nein – vielmehr konstruiert jeder Mensch seine eigene subjektive Welt.

Sie können sich leicht davon überzeugen, indem Sie ein kleines Experiment durchführen. Vielleicht liegen Sie gerade auf einer gemütlichen Liege in Ihrem Garten und konzentrieren sich auf die Lektüre dieses Buches. Legen Sie es nun für einen Moment beiseite. Achten Sie darauf, was Sie jetzt alles wahrnehmen werden, was Sie eben weder gehört, gesehen, gerochen noch empfunden haben. Sie beginnen, sich eine andere Welt zu konstruieren, indem Sie plötzlich registrieren, dass eine Amsel auf der Buche nebenan zwitschert oder das Rauschen des Verkehrs auf einer entfernten, viel befahrenen Bundesstraße zu hören ist. Jetzt erst sehen Sie die einzelnen Sonnenstrahlen, die sich ihren Weg durch das Blätterdach der Buche bahnen. Sie schütteln den Arm aus, der eben noch – ohne dass es Ihnen bewusst war – unangenehm gegen die Lehne der Liege drückte. All das sind äußere Reize, die im Prinzip bereits die ganze Zeit hindurch Ihrer Sinneswahrnehmung zugänglich waren. Aber erst jetzt haben Sie diese bewusst wahrgenommen oder anders ausgedrückt, Sie haben sie sich bewusst gemacht und damit eine neue Wirklichkeit geschaffen!

Es handelt sich um einen in der Sozialpsychologie seit Langem bekannten und weitgehend erforschten Sachverhalt: Man spricht von der Selektivität der Wahrnehmung. Wir Menschen greifen aus dem gesamten Wahrnehmungsfeld bestimmte Aspekte aktiv heraus und vernachlässigen andere. Indem wir wahrnehmen und gedanklich verarbeiten (mit uns selbst kommunizieren) machen wir uns bestimmte Ereignisse bewusst, während andere unbewusst bleiben, und schaffen so eine subjektive Wirklichkeit. Menschen konstruieren ihre Wirklichkeit!

Die Müller-Lyer-Täuschung

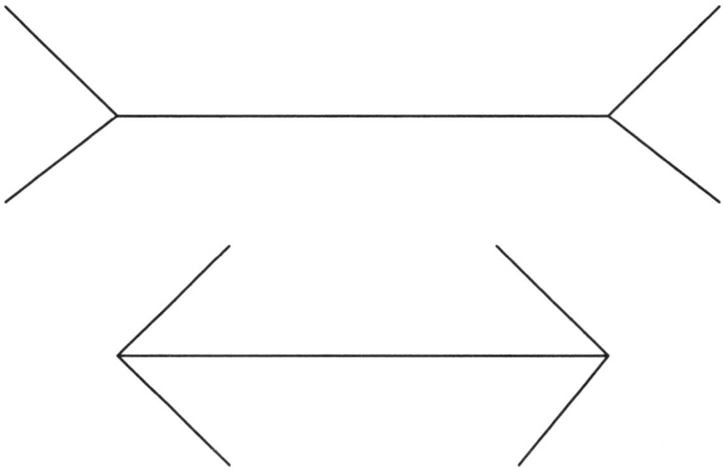

Bekannt ist dieses Beispiel der optischen Täuschung. Entdeckt wurde sie von Franz Müller-Lyer vor ungefähr 100 Jahren. Die Täuschung besteht darin, dass bei objektiv gleich langen, horizontalen Strecken in der oberen und der unteren Figur, die obere horizontale Linie länger erscheint als die untere. In unserer subjektiven Welt: länger ist![18] Diese konstruierte „falsche" Wirklichkeit können wir natürlich leicht korrigieren und so mögliche Nachteile vermeiden, die unsere Fehleinschätzung nach sich zie-

18 Auf der Netzhaut des Auges sind beide Geraden gleich lang. Entsprechend werden die Impulse auch an das Gehirn geleitet. Dort kommt es zu der Fehleinschätzung, die objektive wird zu einer neuen subjektiven Wirklichkeit.

hen könnte: Wir messen einfach die beiden Strecken nach (was viele von Ihnen wahrscheinlich gerade gemacht haben) und überzeugen uns so, dass unsere Wahrnehmung nicht unbedingt mit der objektiven Wirklichkeit übereinstimmen muss. Es handelt sich eben nur um eine optische Täuschung.

Daneben gibt es aber noch komplexere Formen konstruierter Wirklichkeit, wie wir gleich sehen werden. Denn obwohl alle Menschen ihre Umwelt sehr subjektiv wahrnehmen und in der Regel auch gut damit zurechtkommen, bereiten uns doch gewisse irrationale Denkweisen häufig Probleme. Beispielsweise fürchten Sie sich immer wieder vor einer Situation, in der Sie öffentlich sprechen müssen – weil Sie meinen, Sie müssten um jeden Preis einen „Super-Vortrag" halten und wehe, wenn Ihnen eine Ungeschicklichkeit unterliefe! Oder Sie glauben, die Marotten Ihres Partners seien unerträglich – dabei würde vielleicht jemand anderes diese als gar nicht problematisch empfinden. Sie nehmen Ihre Wirklichkeit also auf eine ganz bestimmte – in diesem Fall irrationale – Art und Weise wahr. Und es sind genau solche irrationalen Botschaften an uns selbst, die unsere Gefühle und damit unser Kommunikationsverhalten immer wieder negativ beeinflussen und die es uns so schwer machen, hilfreiche Kommunikationstechniken erfolgreich einzusetzen.

Die Temperatur Ihrer Selbstkommunikation

Die entscheidende Frage ist nun, wie wir unsere *Gefühls*welt konstruieren. Wie kommen also Gefühle durch Selbstkommunikation zustande?

Unsere Selbstkommunikation hat grundsätzlich zwei Ebenen: eine nicht wertende und eine wertende (in der Psychologie spricht man auch von einer nonevaluativen beziehungsweise evaluativen Ebene). Worin besteht aber nun der Unterschied? Und was hat das mit unserem Thema zu tun? Die Antwort lautet, vor allem auf der wertenden Ebene erschaffen wir Gefühle!

Wir wissen aus eigener Erfahrung, dass Gedanken und die daraus resultierenden Gefühle sehr intensiv sein können. Der Individualpsychologe Alfred Adler sprach beispielsweise von „extremen Gedanken“, die so „starke Gefühle“ auslösen[19], dass diese sogar zu einem belastenden Problem werden können. Albert Ellis hat in diesem Zusammenhang (in Übereinstimmung mit Robert Abelson, Robert Zajonc und anderen Psychologen) die Begriffe „kalte“ (nicht wertende), „warme“ und „heiße“ (wertende) Gedanken geprägt.

Probleme bereiten uns die heißen Gedanken (Kognitionen). Sie rufen intensive und vor allem unangemessene und selbstschädigende Gefühle hervor. Warme Kognitionen haben hingegen zwar möglicherweise intensive, aber dennoch eher angemessene Gefühle und zielführende Verhaltensweisen zur Folge. Kalte Gedanken sind praktisch gefühlsneutral. Die Schlussfolgerung liegt also nahe, dass Sie die Temperatur Ihrer Gefühle regeln müssen, um selbstschädigende Kommunikation zu vermeiden.

Kalte Selbstkommunikation

Diese Botschaften sind wert- und gefühlsneutral. Einige Beispiele:

„Das Wetter ist schön.“
„Es fängt an zu regnen.“
„Ich habe bei der Prüfung schlecht abgeschnitten.“

19 Titze, M. (1979), S. 220.

„Diese Menschen lachen."
„Ich fühle mich ängstlich."
„Ich bin froh."

Es handelt sich hierbei um bloße Feststellungen oder Beschreibungen, also um kalte Botschaften. Und wie steht es mit folgenden Mitteilungen an uns selbst? Kann man von erhöhter Temperatur sprechen?

„Der Mann runzelt die Stirn (Beschreibung). Er mag mich nicht (Interpretation)."
„Die Frau mit dem Briefumschlag in der Hand geht auf den gelben Briefkasten zu (Beschreibung). Die Frau will einen Brief einwerfen (Interpretation)."

Nein, keine Wertung, keine erhöhte Temperatur! Auch hierbei handelt es sich nur um Feststellungen beziehungsweise Beschreibungen und Interpretationen. Es liegt aber auf der Hand, dass die Interpretationen falsch sein könnten. Und das gilt natürlich erst recht bei Vorhersagen wie:

„Ich werde bei der Prüfung schlecht abschneiden."
„Dort werden mich die Leute nicht mögen."
„Es wird bestimmt wieder langweilig werden."

Wenn Sie jetzt sehr aufmerksam die Beispiele zur nicht wertenden beziehungsweise kalten Selbstkommunikation gelesen haben, könnten Sie einwenden: „Bei den meisten soeben aufgelisteten Beispielen leuchtet mir ein, dass keine Wertungen mit im Spiel sind. Aber wie steht es beispielsweise mit: ‚Ich habe bei der Prüfung schlecht abgeschnitten?' Das ist doch eine klare Wertung, oder?"

Versuchen Sie, den Begriff „wertende Kognition“ durch „persönliche Stellungnahme“ zu ersetzen und machen Sie die Probe aufs Exempel. Lesen Sie nochmals die Beispiele und erfragen Sie jeweils die persönliche Stellungnahme:

„Ich habe bei der Prüfung schlecht abgeschnitten.“ (Feststellung, kalte Selbstkommunikation)
„Und was heißt das für Sie?“ (Ihre persönliche Stellungnahme?)
„Das ist sehr schlecht für mich, weil ...“ (Persönliche Stellungnahme, Wertung: negativ)

Vergleichen Sie hingegen:

„Ich habe bei der Prüfung schlecht abgeschnitten.“ (Feststellung, kalte Selbstkommunikation)
„Und was heißt das für Sie?“ (Ihre persönliche Stellungnahme?)
„Das ist *mir egal*, weil ...“ (Persönliche Stellungnahme, keine beziehungsweise neutrale Wertung)

Noch ein Beispiel:

„Das Wetter ist schön.“ (Feststellung, kalte Selbstkommunikation)
„Und wie finden Sie das?“ (Ihre persönliche Stellungnahme?)
„Schlecht für mich, weil ich mich auf schlechtes Wetter eingestellt hatte.“ (Persönliche Stellungnahme, Wertung: negativ)

Fragt man nach der persönlichen Stellungnahme, so werden auch heiße oder warme Gedanken (Botschaften an uns selbst) hinter einer (kalten, nicht wertenden) Feststellung sichtbar. Warum aber sollten wir uns bemühen, nach diesen verborgenen Botschaften zu suchen? Warum sollte es wichtig sein, wertende von nicht wertender Selbstkommunikation zu unterscheiden und diese sich gegebenenfalls bewusst zu machen?

Die Antwort haben wir bereits gegeben: Nur Selbstkommunikation mit erhöhter Temperatur löst Gefühle aus und beeinflusst somit unser (kommunikatives) Verhalten. Solange wir nur feststellen, dass etwas so ist, wie es ist, werden wir nichts fühlen. Warum auch? Wozu sollte es mich motivieren? Wenn ich vor einer roten Wand stehe und nur feststelle: „Die Wand ist rot", resultiert aus dieser Feststellung nichts. Ganz anders hingegen, wenn ich zu der roten Wand wie folgt persönlich Stellung nehme: „Grauenhaft! Diese rote Wand. Ich finde sie schrecklich!" Können Sie den Ärger heraushören?

Von besonderer Bedeutung ist es, wenn sich heiße Selbstkommunikation hinter kalter verbirgt und wir das nicht erkennen. In diesem Fall kann fehlende Menschenkenntnis (in dem Fall: Nichtkenntnis von uns selbst!) schlimme Folgen haben wie schon Marc Aurel erkannte:

> „Es ist noch nie jemand unglücklich geworden, weil er sich nicht um das, was in der *Seele eines anderen* vorgeht, gekümmert hat; aber diejenigen, die nicht mit Aufmerksamkeit den Bewegungen ihrer *eigenen Seele* folgen, geraten notwendig ins Unglück."[20]

---

20 Projekt Gutenberg, Marc Aurel, *Des Kaisers Marcus Aurelius Antonius Selbstbetrachtungen*, Zwölftes Buch, Übers. A. Wittstock. (Kursivsetzung durch den Autor.)

Haben Sie erst einmal damit begonnen, den „Bewegungen der eigenen Seele“ zu folgen und stoßen dabei auf Selbstkommunikation mit erhöhter Temperatur, dann ist es wichtig zwischen warmer und heißer Selbstkommunikation zu unterscheiden.

Warme oder „gesunde“ Selbstkommunikation

Menschliche Bewertungen resultieren immer daraus, dass wir einen Sachverhalt in der Welt mit unseren Wunschzielen verknüpfen. Je nachdem, ob wir glauben, dass ein Sachverhalt oder eine Entwicklung in der Welt diese Ziele fördert oder torpediert, kommen wir zu positiven oder negativen Bewertungen beziehungsweise persönlichen Stellungnahmen:

Positive Wertung	*Negative Wertung*
„Das ist gut für mich.“	„Das ist nicht gut für mich.“
„Das wäre gut für mich.“	„Das wäre nicht gut für mich.“
„Das ist vorteilhaft für mich.“	„Das ist nachteilig für mich.“

Daran schließt sich an:

Wunsch	*Abneigung*
„Ja, bitte.“	„Nein, danke.“
„Das wünsche ich mir.“	„Das möchte ich nicht.“
„Das ziehe ich vor.“	„Dagegen habe ich eine Abneigung.“

Wenn unsere Botschaften an uns selbst einen Wunsch oder eine Abneigung beinhalten, sprechen wir von warmer Selbstkommunikation, hierzu einige Beispiele:

Positive Bewertungen und daran anknüpfende Schlussfolgerungen:

> „Diese Leute lachen (kalte Selbstkommunikation) …"
> „… sie lachen mich an, weil sie mich mögen (interpretierende kalte Selbstkommunikation). Das mag ich (warme Selbstkommunikation)."
>
> „Ich habe eine gute Note in der Prüfung (kalte Selbstkommunikation) …"
> „… das bringt mir Vorteile (interpretierende kalte Selbstkommunikation), ist also vorteilhaft für mich (warme Selbstkommunikation)."

Negative Bewertungen und daran anknüpfende Schlussfolgerungen:

> „Diese Leute lachen (feststellende kalte Selbstkommunikation). Sie lachen über mich, weil sie mich für dumm halten (interpretierende kalte Selbstkommunikation), das schätze ich nicht (warme Selbstkommunikation)."
> „Ich werde wohl die Prüfung nicht bestehen …" (vorhersagende kalte Selbstkommunikation) „… das wäre ein großer Nachteil für mich (warme Selbstkommunikation)."

Warme Selbstkommunikation kann zielführendes Verhalten triggern – zum Beispiel wenn Sie in einem Bewerbungsgespräch auf die verbalen und nonverbalen Signale Ihres Gegenübers reagieren und sich sagen: „Ich möchte die Stelle gerne haben. Daher gefällt es mir nicht, dass der Personalchef skeptisch die Stirn runzelt. Ich wünschte mir, er würde freundlicher schauen." Welches zielführende Verhalten resultiert aus dieser Selbstkommunikation?

Diese warme Selbstkommunikation enthält Ihre persönliche Stellungnahme zur aktuellen Situation im Hinblick auf Ihr Wunschziel. So aktivieren Sie angemessene Gefühle – vielleicht eine gewisse Besorgnis und leichte Anspannung –, die Sie hellwach und konzentriert sein lässt. Ihre Reaktionsfähigkeit verbessert sich, Sie sprechen überlegter, strengen sich mehr an. (Aber werden nicht ausfallend, wie es vielleicht die Folge von heißer Selbstkommunikation wäre!) Solche Reaktionen laufen innerhalb nur weniger Sekunden ab, sie sind gut und notwendig.

Und wie sieht heiße Selbstkommunikation aus?

Heiße oder selbstschädigende Selbstkommunikation

Wir Menschen neigen dazu, die Temperatur unserer Selbstkommunikation noch weiter zu steigern. Diese Neigung entspringt unserer Irrationalität wie sie Albert Ellis postuliert:

> „Wenn wir Irrationalität als Gedanken, Emotionen oder Verhalten definieren, das zu selbstschädigenden oder selbstzerstörerischen Folgen führt oder wesentlich dem Überleben und dem Glück des Organismus zuwider läuft, entdecken wir, dass es buchstäblich Hunderte von erheblichen Irrationalitäten in allen Gesellschaften gibt und dass praktisch alle Menschen in diesen Gesellschaften Irrationalitäten nachhängen.“ [21]

Ein Beispiel für irrationale Denkweisen: „Der Personalchef scheint nicht viel von mir zu halten.“ Daran schließt sich eine warme Selbstkommunikation an: „Das ist ja *unangenehm*, dass

21 Ellis, A. (2006), S. 275.

er mich scheinbar nicht mag. Ich wünschte, meine Chancen, die Stelle zu bekommen, würden sich nicht auf diese Weise verringern." Dabei bleibt es dann aber nicht, und die Gedanken spitzen sich zu, steigern sich ins Irrationale: „Das ist ja schrecklich, wie das hier läuft. Dieser Personalchef muss doch fair bleiben. Der darf mich doch nicht so behandeln. So ein fieser Kerl! Ich muss einfach die Stelle bekommen."

Jetzt sind Sie auf dem besten Weg, sich richtig wütend zu machen, und vielleicht lassen Sie sich von dieser Wut zu einer aggressiven Bemerkung verleiten: „Was schauen Sie mich denn eigentlich die ganze Zeit so kritisch an?" Damit würden Sie wahrscheinlich Ihre Chancen nicht gerade verbessern – Job ade!

So sieht also heiße Selbstkommunikation aus. Typisch für sie sind extreme Bewertungen und Abwertungen – und sie macht aus Wünschen dogmatische Forderungen, sogenannte Muss-Botschaften. Die Konsequenz daraus sind ungesunde, unangemessene Gefühle und diese wiederum führen im Gespräch mit anderen zu einem tendenziell selbstschädigenden Kommunikationsverhalten.

Erinnern Sie sich noch an Frau G. und meinen Rat an sie, sich 100 Frauen in der gleichen Situation wie sie selbst vorzustellen? Einige dieser Frauen reagierten sicher genauso wütend, andere eher niedergeschlagen oder deprimiert oder traurig und enttäuscht, wieder andere vielleicht nur wenig ärgerlich und irritiert. Was aber ist der Grund dafür? Um diese Frage zu beantworten, steigen wir noch einmal in das Gespräch ein:

> Therapeut: „Sie scheinen mir zuzustimmen, dass unterschiedliche Frauen in derselben Situation mit unterschiedlichen Gefühlen reagieren würden. Das muss also offensichtlich daran liegen, dass sie die Situation unterschiedlich bewerten."

Frau G.: „… manche nehmen es vielleicht nicht so tragisch."
Therapeut: „Ja, aber was heißt das genau? Was sagen sich zum Beispiel diejenigen Frauen, die nur leicht ärgerlich werden?"
Frau G.: „Vielleicht so etwas wie: ‚Macht nichts.'"
Therapeut: „Sie meinen, soviel wie: ‚Ist egal, ist ja nicht schlimm. Was soll's?' Nun, wenn ich so zu mir sprechen könnte, wenn mir etwas Unangenehmes widerfährt, würde ich mich wahrscheinlich tatsächlich nicht mehr ärgern."
Frau G.: „Da haben Sie wohl recht. Und dann bräuchte man ja auch nichts mehr an der Situation zu ändern."
Therapeut: „Da erwähnen Sie einen wichtigen Punkt: Gefühle motivieren uns nämlich, etwas zu tun, wenn etwas in unserem Leben nicht so läuft wie wir es gerne hätten. Wenn Ihnen etwas allerdings egal ist, dann reagieren Sie mit Gleichgültigkeit und unternehmen nichts. Wenn Sie hingegen leichten Ärger zulassen, dann würde sie dieser sehr wohl dazu motivieren, nach einer Lösung zu suchen. Nun also: Warum wollen Sie denn etwas ändern am Verhalten Ihres Mannes?"
Frau G.: „Na, weil es unangenehm ist, weil ich sein Verhalten nicht ausstehen kann …"
Therapeut: „… nehmen Sie einmal an, wenn Sie das nur zu sich sagen würden, aber dann Punkt und Schluss. Nicht mehr! Wie würden Sie sich fühlen?"
Frau G.: „Wenn ich mir sagte: ‚Das ist unangenehm wie er sich benimmt. Das mag ich nicht leiden. Ich wünschte mir, er wäre anders.' In der Art meinen Sie?"
Therapeut: „Exakt. Dann fühlen Sie sich wie?"

Frau G.: „Wenn ich dabei bleiben könnte, dann wahrscheinlich wirklich nur leicht verärgert, jedenfalls nicht so wütend."
Therapeut: „Und wären Sie immer noch motiviert, etwas zu unternehmen, zum Beispiel Ihrem Mann zu sagen, dass es Sie kränkt, wenn er Ihnen Ihr Studium vorwirft und dass Sie das nicht möchten?"
Frau G.: „Ja. Aber das habe ich ja auch schon getan. Ich habe ihm gesagt, dass er mich mit seinem Minderwertigkeitskomplex verschonen und sich endlich wie ein vernünftiger Mensch verhalten soll."
Therapeut: „Und dann erwidert er: ‚Du hast recht, ich mit meinem Minderwertigkeitskomplex bin unvernünftig. Es ist alles meine Schuld.'"
Frau G. (lacht): „Leider nein. Dann ging der Streit erst richtig los."
Therapeut: „Verständlich. Ihre Worte waren ja auch sehr aggressiv und anschuldigend. Haben Sie so das erreicht, was Sie wollten?"
Frau G.: „Nein. Aber ich bin eben immer so wütend ..."
Therapeut: „... und diese Wut macht Sie aggressiv. Daran können Sie sehen, wie wichtig es ist, dass Sie lernen, sich nicht so wütend zu machen, sondern nur noch leicht ärgerlich. Als ich Sie bat, sich noch einmal in die Situation zu versetzen, in der Ihr Mann Sie beschimpfte, haben Sie etwas Bedeutsames gesagt. Erinnern Sie sich noch?"
Frau G.: „Dass er seine Minderwertigkeitskomplexe an mir auslässt, meinen Sie das?"
Therapeut: „Obwohl Sie, wie Sie sagten, ihm nichts getan hätten. Ja, aber Sie haben das auch gleichzeitig bewertet, darauf kommt es mir an."

Frau G.: „Ich erinnere mich. Ich habe gesagt, dass es schrecklich sei."

Therapeut: „Ich fürchte, wenn Sie das und einiges mehr in dieser Art zu sich sagen und glauben, dann werden Sie Ihre Wut nicht mehr bremsen können. Und Sie werden sich entsprechend aggressiv verhalten, zum Beispiel, indem Sie Ihren Mann in aggressiver Weise beschuldigen. Und dann – so fürchte ich – werden sie bald streiten, anstatt sich zu verständigen. Lassen Sie uns daher genauer unter die Lupe nehmen, mit welchen Botschaften an sich selbst Sie Gefühle auslösen, die zu einem selbstschädigendem Kommunikationsverhalten im Gespräch mit Ihrem Mann führen und die Sie immer wieder daran hindern, Ihre Ziele zu erreichen."

„Mein Wille geschehe!" oder „Was ich wünsche, muss sein!"

Grund für unangemessene Gefühle sind nicht selten die sogenannten Muss-Botschaften, die an die Stelle von Wünschen und Vorlieben beziehungsweise Abneigungen treten. Sobald Sie solche Muss-Botschaften bei sich selbst oder anderen entdecken, können Sie von einer heißen Selbstkommunikation ausgehen.

Im Folgenden lesen Sie nun einige Beispiele für typische weitverbreitete Muss-Botschaften. Versuchsweise können Sie an die Stelle von *müssen* oder *nicht dürfen* die Formulierungen *möchten* oder *nicht mögen* setzen, auf diese Weise erkennen Sie leicht, dass alle Muss-Botschaften ursprünglich aus Wünschen hervorgegangen sind:

„Diese wichtige Prüfung *muss* ich bestehen."
„Ich *muss* stolz auf mich sein können."

„Bei meinen Mitmenschen *muss* ich beliebt sein."
„Ich *muss* beruflich vorankommen."
„Ich *darf nicht* so viel falsch machen."
„Ich *muss* Spaß haben."
„Ich *muss* fair behandelt werden."
„Es *muss* mir immer gut gehen."

Die Liste ließe sich beliebig fortsetzen. Dieses irrationale Muss-Denken ist universell verbreitet und bis zu einem gewissen Grad wahrscheinlich biologisch begründet. Das bedeutet aber nicht, dass diese Tendenz bei allen Menschen in gleicher Weise ausgeprägt sein muss oder nicht grundlegend veränderbar wäre. Es bedeutet lediglich, dass wir aufgrund unserer genetischen Natur für dieses Denken anfällig sind. Wenn Menschen in einer kulturellen und/oder familiären Umgebung aufwachsen, in der dogmatisches Muss-Denken stark verbreitet und akzeptiert ist, so wird auch ihr dogmatisches Denken stärker ausgeprägt sein.

Drei Ausprägungen irrationaler Muss-Botschaften

Absolute Forderungen an die eigene Person
„ICH muss bei den Dingen, die ICH tue, erfolgreich beziehungsweise perfekt sein und/oder muss die Anerkennung und Wertschätzung der Menschen haben, die ich für mich als wichtig erachte."

Absolute Forderungen an andere Personen
„Die anderen, mit denen ich Kontakt habe, müssen mich freundlich und fair behandeln; wenn sie das nicht tun, so *muss* man sie dafür zur Verantwortung ziehen beziehungsweise sie bestrafen oder ernsthaft verurteilen und verdammen."

Absolute Forderungen an die Welt
„Die Welt beziehungsweise die Umstände, unter denen ich lebe, müssen so sein, dass ich alles, was ich mir wünsche, schnell, leicht und angenehm erreiche. Größere Schwierigkeiten und Hindernisse dürfen nicht auftreten."

Solche absoluten Forderungen, die wir an uns selbst, unsere Mitmenschen und unsere Umwelt richten, sind meist gar nicht zu erfüllen – sie sind irrational. Die Botschaften an uns selbst, die daraus resultieren, können deshalb gar nicht zielführend sein. Sie schädigen uns, indem sie unsere Ziele sabotieren. Im Folgenden lernen Sie weitere selbstschädigende Botschaften kennen, die sich von den Muss-Botschaften ableiten lassen:

Irrationale und selbstschädigende Botschaften in Bezug auf die eigene Person

Katastrophisieren
„Wie furchtbar, wenn ich keinen Erfolg habe beziehungsweise nicht anerkannt werde!"

Die Ich-kann-es-nicht-aushalten-Krankheit[22]
„Es ist nicht auszuhalten, wenn ich keinen Erfolg habe und keine Anerkennung bekomme!"

Pauschales Abwerten (Verdammen)
„Ich bin nichts wert, wenn ich nicht erfolgreich bin und die anderen mich nicht wertschätzen!"

Immer wenn wir solche Botschaften an uns richten, stellen sich früher oder später starke Gefühle der Angst und Panik, depressive Stimmungen, Selbsthass und Schuldgefühle ein. Es handelt sich um unangemessene Gefühle, die uns ihrerseits zu selbstschädigenden Verhaltensweisen motivieren. Für unsere Kommunikation mit anderen bedeutet das, dass wir in der Regel das Gegenteil von dem bewirken, was wir gerne hätten – zum Beispiel weil wir uns zurückziehen, unsere Meinung nicht offenbaren oder uns schüchtern und unsicher zeigen.

22 Schwartz, D. (1981b), S. 73.

Irrationale und selbstschädigende Botschaften in Bezug auf andere

Katastrophisieren
„Es ist schrecklich, wenn die anderen mich weniger freundlich oder fair behandeln als sie es sollten!"

Die Ich-kann-es-nicht-aushalten-Krankheit
„Es ist nicht zu ertragen, wenn die anderen mich so schlecht oder unfair behandeln, wie sie es doch auf keinen Fall dürften."

Pauschales Abwerten (Verdammen)
„Die anderen sind ausgesprochen schlechte Menschen, wenn sie mich unfreundlich oder unfair behandeln!"

Eine solche Selbstkommunikation erzeugt regelmäßig exzessiven Ärger und Wut auf andere. Diese Gefühle führen in vielen Gesprächssituationen zu Überreaktionen aller Art. Wir reagieren beispielsweise feindselig, aggressiv oder anschuldigend auf andere.

Irrationale und selbstschädigende Botschaften in Bezug auf die Welt

Katastrophisieren
„Es ist eine Katastrophe, wenn die äußeren Umstände so beschaffen sind, dass ich etwas sehr entbehren muss oder weniger bekomme als ich mir wünsche. Es ist *schrecklich*, wenn ich zu lange und *zu* hart daran arbeiten muss, meine Wünsche zu erfüllen!"

Die Ich-kann-es-nicht-aushalten-Krankheit
„Ich kann ein Leben nicht ertragen, das mir mehr abverlangt, als ich geben will; denn das ist *zu* hart und darf *nicht* sein!"

Pauschales Abwerten (Verdammen)
„Das Leben in dieser Welt ist elend und kläglich, wenn die Dinge falsch laufen und ich nicht genau das erreiche, was ich will und wann immer ich es will! Es ist geradezu unerträglich, dass es nicht lebenswert ist. Ich könnte mich oder die ganze Welt genauso gut umbringen. So könnte ich diesen schrecklichen Umständen zumindest entgehen!"

Mit solchen Botschaften erzeugen wir fast unvermeidlich Gefühle von Selbstmitleid, Niedergeschlagenheit, Apathie, geringer Frustrationstoleranz und generellem Welthass (Misanthropie). Für unser kommunikatives Verhalten bedeutet das, dass wir uns zurückziehen, unsere Wünsche nicht äußern oder es vermeiden, unsere Meinung zu sagen. Wir verhalten uns insgesamt passiv und haben Schwierigkeiten, Entscheidungen zu treffen.

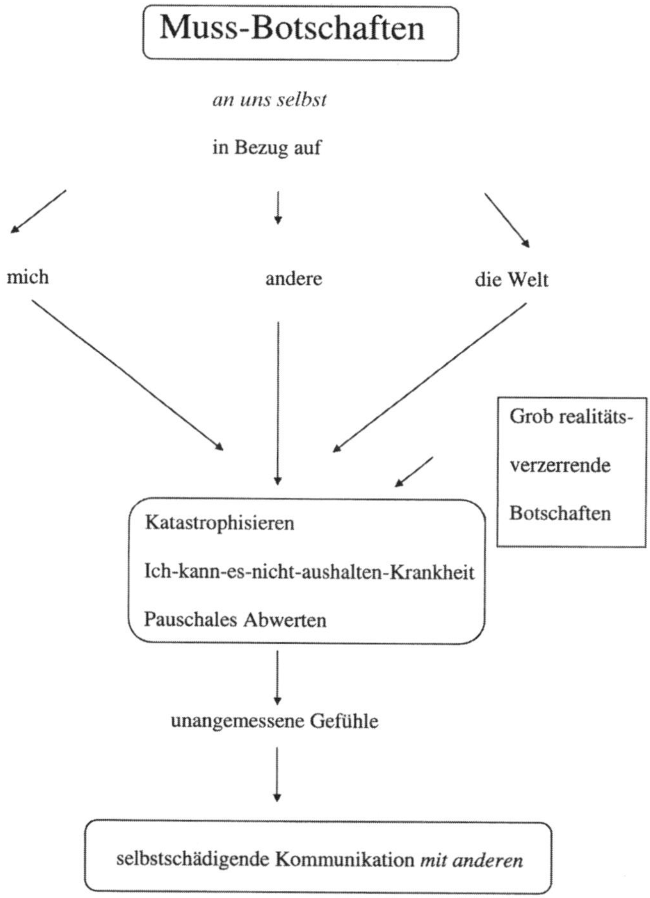

Kommunikationstraining – Testen Sie nun Ihr Verständnis irrationaler Selbstkommunikation

A Dogmatisches Fordern (Müssen, Sollen, Nicht-dürfen)
B Katastrophisieren
C Ich kann es nicht aushalten!
D Pauschales Abwerten (Verdammen)
E Keine irrationale Botschaft

Welche Botschaften entdecken Sie in den folgenden Selbstgesprächen? Kennzeichnen Sie Ihre Entscheidung!

1. Ich bin doch wirklich eine Flasche! Schon wieder habe ich nicht gesagt, was ich wirklich denke.
   A B C D E

2. Ich kann es nicht ertragen, dass er mich ständig kritisiert.
   A B C D E

3. Sie ist eine blöde Kuh! Wie kann sie mich so ungerecht behandeln!
   A B C D E

4. Wie konnte ich nur so nachlässig sein und in der Teamsitzung vergessen, diese wichtigen Fragen zu stellen!
   A B C D E

5. Ich kann es nicht ertragen, wenn er sich immer so egoistisch verhält.
   A B C D E

6. Dass ich damals den Job nicht angenommen habe, kann ich mir nicht verzeihen.
   A B C D E

7. Es ist echt sehr traurig, wenn sie mir nach so langer Trennung nicht mal einen Kuss zu Begrüßung gibt.
   A B C D E

8. Wie kann meine Tochter nur so mit mir reden? Sie muss doch wissen, dass sich das nicht gehört.
   A B C D E

9. Als erwachsener Mann sollte ich nicht mehr so oft rot werden.
   A B C D E

10. Es wäre schrecklich, wenn ich jetzt mitten in der Rede nicht mehr weiter wüsste. Nicht auszudenken!
    A B C D E

11. Ich bin eine Heulsuse. Ich darf doch nicht bei jedem Streit in Tränen ausbrechen.
    A B C D E

12. Ich möchte meinem Sohn gerne beibringen, dass er sich in der Schule mehr anstrengen muss, wenn er das Abitur schaffen will.
    A B C D E

13. Diese Kollegin macht mich mit ihrer Fragerei noch ganz verrückt.
    A B C D E

14. Ich hätte unbedingt verhindern müssen, dass ich mich verplappere. Was bin ich doch für ein Volltrottel!
A B C D E

Auflösung

1. „*Ich bin doch wirklich eine Flasche!* Schon wieder habe ich nicht gesagt, was ich wirklich denke." D ist richtig. Statt ein konkretes Verhalten zu verurteilen, wird die Person insgesamt abgewertet. Nehmen Sie an, in einem Korb mit fünf Kilo Äpfeln befänden sich unter den vielen Äpfeln drei faule. Sprechen Sie dann ebenfalls gleich von einem „faulen Apfelkorb"?

2. „*Ich kann es nicht ertragen*, dass er mich ständig kritisiert." C ist richtig. Begriffe wie „unerträglich", „nicht auszuhalten", „zu schwer" oder „zu anstrengend" weisen auf die Ich-kann-es-nicht-aushalten-Botschaft hin.

3. „*Sie ist eine blöde Kuh!* Wie kann sie mich so ungerecht behandeln!" D ist richtig. Anstatt nur das konkrete Verhalten zu bewerten, verurteilt man die Person insgesamt.

4. „*Wie konnte ich nur so nachlässig sein* und in der Teamsitzung vergessen, diese wichtigen Fragen zu stellen!" Hierbei handelt es sich um keine irrationale Botschaft (E), sondern um eine Feststellung.

5. „*Ich kann es nicht ertragen*, wenn er sich immer so egoistisch verhält." C ist richtig.

6. „Dass ich damals den Job nicht angenommen habe, *kann ich mir nicht verzeihen.*"

E ist richtig. Es handelt sich um keine irrationale Selbstkommunikation, sondern um eine Feststellung. Aber: Sich einen Fehler nicht zu verzeihen, kann die Folge irrationaler Selbstkommunikation sein, zum Beispiel wenn sich jemand wegen des Fehlers pauschal verurteilt: „Was bin ich doch für eine Niete!"

7. „Es ist echt sehr traurig, wenn sie mir nach so langer Trennung nicht mal einen Kuss zu Begrüßung gibt." Ebenfalls keine irrationale Selbstkommunikation! Nur das Gefühl der Traurigkeit wird geäußert und der Anlass. Trauer ist die Folge rationaler Selbstkommunikation, etwa: „Wie schade und nachteilig, dass ich keinen Kuss erhalte. Ich wünschte mir einen Begrüßungskuss!"

8. „Wie kann meine Tochter mich nur so behandeln? *Sie muss* doch wissen, dass sich das nicht gehört." A trifft zu. Es wäre zwar schön, wenn die Tochter wüsste, dass ein anderes Verhalten für den Betroffenen angenehmer wäre und sie sich daher anders verhalten würde! Aber wo steht geschrieben, dass Menschen sich so verhalten *müssen*, wie wir es gerne hätten?

9. „Als erwachsener Mann *sollte ich nicht* mehr so oft rot werden." A ist zutreffend.

10. „Es wäre *schrecklich*, wenn ich jetzt mitten in der Rede nicht mehr weiter wüsste. *Nicht auszudenken*!" B trifft zu. Es wäre vielleicht sehr nachteilig, wenn der Redner nicht mehr weiter wüsste, aber sicher wäre es nicht das Schlimmste, was dem Redner in seinem Leben passieren könnte – also keine Katastrophe! Begriffe wie „katastro-

phal", „fürchterlich", „schrecklich", „entsetzlich" und so weiter weisen oftmals darauf hin, dass die Person schwarzsieht und eine schreckliche Katastrophe befürchtet.

11. „Ich bin eine Heulsuse. Ich *darf* doch *nicht* bei jedem Streit in Tränen ausbrechen." A trifft zu. Dass etwas unerwünscht ist, bedeutet nicht, dass es nicht sein darf!

12. „Ich möchte meinem Sohn gerne beibringen, dass er sich in der Schule mehr anstrengen muss, wenn er das Abitur schaffen will." E, keine irrationale Selbstkommunikation. Dieses Muss steht in einem Bedingungszusammenhang: Wenn … dann! Beispiel: „Wenn ich den Zug um 10.00 Uhr erreichen will, dann muss ich mich um 9.30 Uhr auf den Weg machen." Es handelt sich also um ein sogenanntes konditionales Muss, nicht um eine absolute Forderung.

13. „Diese Kollegin macht mich mit ihrer Fragerei noch ganz verrückt." A bis D liegt zwar nicht vor, aber ein irriger A-C-Schluss: Die Schlussfolgerung, die Kollegin mache die Person, die diesen Satz sagt, „verrückt", ist falsch. Wahrscheinlich geht diese Annahme eher auf eine dogmatische Forderung oder sogar auf die absolute Abwertung der gesamten Person zurück: „Diese Kollegin darf nicht so viele Fragen stellen, das kann sie sich nicht erlauben. *Das ist doch ein furchtbare Person.*"

14. „Ich hätte *unbedingt* verhindern müssen, dass ich mich verplappere. *Was bin ich doch für ein Volltrottel!*" A und D treffen zu.

Selbstanalyse – Meine Selbstkommunikation

Schreiben Sie in Ihr Arbeitsheft ähnliche Gedanken und Botschaften an sich selbst, die Sie aus bestimmten Gesprächssituationen kennen. Beobachten Sie sich auch im Alltag und ergänzen Sie diese Liste fortwährend. So kommen Sie Schritt für Schritt dahinter, ob und in welchen kommunikativen Situationen (oder bei welchen Gesprächspartnern) Sie häufig selbstschädigende Botschaften an sich selbst formulieren.

Um einen Überblick zu behalten, können Sie Ihre Liste wie folgt unterteilen. Vermerken Sie auch, ob es sich um Gesprächssituationen aus dem Privat- und/oder Arbeitsleben handelt.

Muss-Botschaften in Bezug auf mich selbst	
„Ich muss Haltung bewahren …"	Privat
„Das darf ich mir nicht gefallen lassen …"	Beruf
Muss-Botschaften in Bezug auf andere Personen	
„Der darf mir nicht so kommen …"	Beruf
„Sie müsste einfach mehr Verständnis für mich haben …"	Privat
Katastrophen-Botschaften in Bezug auf mich selbst	
Wie schrecklich, wenn ich durch die Prüfung falle …	Beruf
Katastrophen-Botschaften in Bezug auf andere Personen	
Furchtbar, dass er so gemein zu mir ist …	Privat
Ich-kann-es-nicht-aushalten-Botschaft in Bezug auf mich selbst	
Es ist unerträglich, dass ich so bin …	Privat
Ich-kann-es-nicht-aushalten-Botschaft in Bezug auf andere	
Ich ertrage es nicht, wenn er sich weiter so benimmt …	Privat
Pauschale Selbstabwertung	
Ich bin doch echt eine Niete …	Beruf
Pauschale Abwertung anderer Personen	
So ein Depp!	Beruf/Privat

Grob realitätsverzerrende Botschaften

Neben Muss-Botschaften gibt es aber noch andere irrationale Formen der Selbstkommunikation, mit denen wir uns das Leben schwer machen. Die Rede ist von grob realitätsverzerrenden Botschaften. Im Grunde handelt es sich dabei um kalte, also nicht wertende Feststellungen, Beschreibungen oder Interpretationen. Allerdings wird die Realität stark verzerrt und irrationale Muss-Botschaften sind nicht selten die Folge.

Schwarz-Weiß-Denken

Diese Art zu denken wird auch als Alles-oder-nichts-Denken oder Denken in Extremen bezeichnet und wir verfallen ihr ganz leicht, wenn wir unsere Erfahrungen in sich gegenseitig ausschließende Schwarz-Weiß-Kategorien einteilen: Gut oder Schlecht, Genie oder Versager, Freund oder Feind („Wer nicht für mich ist, der ist gegen mich"). Abstufungen, Grautöne, um im Bild zu bleiben, kommen nicht mehr vor. Wenn etwas nicht 100-prozentig perfekt läuft, sehen wir es gleich als missglückt an.
Beispiel: Ein übergewichtiger junger Mann entschließt sich, täglich eine halbe Stunde zu joggen, um seine überflüssigen Pfunde abzutrainieren. Er hält seinen Trainingsplan für die erste Woche von Montag bis Samstag ein. Aber am Sonntag vergisst er das Training. Sonntagabend sagt er zu sich: „Jetzt habe ich das Ziel meines Trainingsprogramms verfehlt. Das Training funktioniert bei mir nicht. Ich bin ein Versager. Schluss damit!" Anschließend wirft er den Trainingsplan frustriert über Bord.
An Schwarz-Weiß-Denken schließt sich mit hoher Wahrscheinlichkeit perfektionistisches Muss-Denken und Selbstabwertung an: „Ich *muss* mein Ziel erreichen, sonst *bin ich eine Niete!*"

Selbstanalyse – Schwarz-Weiß-Denken

Durchforsten Sie einmal Ihre Selbstgespräche. Denken Sie auch manchmal in solchen Kategorien? Formulieren Sie Ihre eigenen Schwarz-Weiß-Botschaften!

Übergeneralisieren

Man spricht auch von unzulässiger Verallgemeinerung. Wer übergeneralisiert, der leitet eine allgemeine Regel aus einzelnen Feststellungen oder Beobachtungen ab.
Beispiel: Auf dem täglichen Weg von meiner Wohnung zum Büro und umgekehrt passiere ich mit meinem Auto zehn Verkehrsampeln. An einem Morgen schalten die meisten Ampeln immer dann auf rot, wenn ich mich ihnen gerade nähere. Ich sage zu mir: „Also ich bin einfach ein ewiger Unglücksrabe. Ich habe immer eine rote Ampel nach der anderen." Die anderen Tage, an denen ich oftmals zügig fahren kann, werden von mir ignoriert.
Oder ich schließe von einem konkreten Verhalten in einer bestimmten Situation auf generelle Charaktereigenschaften einer Person: „Wer einmal lügt, dem glaubt man nicht, und wenn er auch die Wahrheit spricht." Denn er lügt ja immer. Daran schließt sich sehr leicht die pauschal abwertende Botschaft an: „Dieser Lügner! *Er ist ein schlechter Kerl.*"

Selbstanalyse – Übergeneralisieren

Welche Beispiele des Übergeneralisierens finden Sie in Ihren Selbstgesprächen? Notieren Sie diese in Ihr Arbeitsheft.

Vergrößern und Verkleinern

Ereignisse und Erfahrungen werden in ihren Relationen zueinander grob verzerrt. So überbewertet man etwa einen eigenen Fehler oder die Leistungen anderer Menschen beziehungsweise schmälert die eigenen Leistungen oder die Schwächen anderer Menschen.

Selbstanalyse – Vergrößern und Verkleinern

Welche Botschaften dieser Art kennen Sie aus Ihren eigenen Selbstgesprächen? Machen Sie Ihre Leistungen manchmal schlechter, als diese tatsächlich sind? Sehen Sie andere hingegen als unfehlbar an?

Gefühle als Beweise für die Beschaffenheit der Welt

Sie fühlen sich niedergeschlagen und halten Ihre depressive Stimmung für den schlagenden Beweis, dass Ihre Situation furchtbar und ausweglos ist. Dabei verkennen Sie, dass Ihre Niedergeschlagenheit im Gegenteil eine Folge dieses Irrglaubens ist.
Sie erinnern sich an Epiktet? Er war der Meinung, dass nicht die Dinge an sich die Menschen erschüttern, sondern ihre Sicht von den Dingen. Wenn Sie aber Ihre Gefühle als Beweis für die Beschaffenheit der Welt verstehen, dann ist das genau das Umgekehrte: „Meine Beunruhigung beweist die Richtigkeit meiner Sicht von den Dingen."

Selbstanalyse – Gefühle als Beweise

Können Sie sich an Situationen erinnern, in denen Sie so dachten? Welche Gefühle galten Ihnen als Beweis dafür, dass es in der Welt schlecht zugeht?

Unlogisches Schlussfolgern und magisches Denken

Hierbei werden äußere Ereignisse, die in keinerlei Kausalzusammenhang stehen, fälschlicherweise in einen Sinnzusammenhang gebracht. Beispiel: Die Tatsache, dass ein Bekannter einen Fahrradunfall hatte, wird als Strafe für vorangegangenes unmoralisches oder liebloses Verhalten interpretiert: „Das geschieht ihm recht!"

Selbstanalyse – Unlogisches Schlussfolgern

Kennen Sie diese Art des Denkens aus Ihren eigenen Selbstgesprächen? Können Sie sich an konkrete Situationen erinnern, in denen Sie so ähnlich dachten?

Personalisieren

Damit ist die Neigung gemeint, eigene Schwächen im Verhalten anderer Personen widergespiegelt zu sehen.
Beispiel: Sie haben unbeabsichtigt etwas Lustiges gesagt. Das Lachen der anderen deuten Sie als Herabsetzung Ihrer Person. Ein weiteres Beispiel stammt aus meiner psychotherapeutischen Praxis: Eine Frau, die ein schweres Trauma anlässlich eines sexuellen Übergriffs erlitt, suchte jahrelang nach Gründen in Ihrer Person, um sich das sadistische Verhalten ihres Peinigers zu erklären und verurteilte sich selbst dafür.
Ähnliches gilt für die verbreitete Neigung, eigene Verantwortlichkeiten anderen Personen zuzuschreiben.

Selbstanalyse – Personalisieren

Welche Beispiele für Personalisieren finden Sie in Ihren Selbstgesprächen? Begründen Sie das Verhalten anderer, indem Sie Ihre eigenen Schwächen dafür verantwortlich machen?

Verzerrte Wahrnehmungsmuster und realitätsfernes, irrationales Denken finden wir übrigens bereits in der kindlichen Entwicklung. Wie der große Schweizer Entwicklungspsychologe Jean Piaget aufzeigte, durchlaufen die Menschen etwa im Alter von zwei bis acht Jahren ein Entwicklungsstadium, das charakterisiert ist durch sogenannten Egozentrismus. Kinder gehen in diesem Alter oftmals mit Gegenständen um wie mit Menschen (Personifizieren von Objekten und Geschehnissen). Beispiel: Gegenstände, die sich dem Kind widersetzen, werden getadelt und bestraft: „Du böser, böser Bauklotz fällst immer um. Jetzt darfst du nicht mehr mitspielen!“ Ähnliches Verhalten kennen wir aber auch von uns Erwachsenen, zum Beispiel wenn der Wagen im Winter nicht anspringt: „Dämlicher Karren! Taugt zu nichts!“ Und zornig tritt man dann noch gegen das Auto – „bestraft“ es.

Nun legen die Befunde der Entwicklungspsychologen einerseits nahe, dass es eine biologische Grundlage für irrationales Denken gibt. Andererseits haben ihre Untersuchungen gerade auch gezeigt, dass je nach geistiger Anregung durch die Umwelt (etwa Schule und Familie) mit zunehmendem Alter egozentrische Denkweisen früher oder später, mehr oder weniger in den Hintergrund treten. Außerhalb wie innerhalb unserer eigenen Kultur und Zivilisation gibt es dennoch große Unterschiede hinsichtlich der Ausprägung realitätsgerechten Denkens.

Realitätsverzerrende Gedanken triggern heiße Selbstkommunikation

Wie ich bereits im Zusammenhang mit dem einen oder anderen Beispiel erläutert habe, lösen realitätsverzerrende Gedanken oft heiße, also selbstschädigende Botschaften aus. Dazu ein Beispiel:

> Sie stehen vor einer wichtigen Prüfung und merken, dass seit einiger Zeit Ihre innere Unruhe steigt und sich zu einer ausgewachsenen Prüfungsangst zu entwickeln

droht. Ihre Freundin rät Ihnen, ein ABC zu erstellen, um der selbstschädigenden Botschaft auf die Schliche zu kommen. Sie decken folgenden Gedanken auf: „Diesmal werde ich bestimmt durchfallen. Einmal muss es auch mich erwischen."
Einige Stunden später am Abend kommt Ihre Freundin vom Einkaufen nach Hause. Sie fragt: „Und? Hast du etwas herausbekommen?" „Allerdings", antworten Sie stolz. „Ich habe einen völlig irrationalen Gedanken entdeckt. Ich bin zum Propheten geworden und prophezeie mir, dass ich mit Sicherheit durch die Prüfung fallen werde. Was für ein Blödsinn! Woher soll ich das wissen? Und meine Begründung für diese Prophezeiung ist noch abenteuerlicher. Weil ich bisher alle Prüfungen bestanden habe, meine ich, dass ich nun auch einmal dran wäre durchzufallen. Das ist doch wirklich unsinnig, nicht wahr?"
„Ja, da gebe ich dir recht, das ist unlogisches und magisches Denken. Die Tatsache, dass du bisher alle wichtigen Prüfungen in deinem Leben bestanden hast, würde eher die Vermutung stützen, dass du auch diesmal wieder gut abschneiden wirst. Und geht es dir jetzt etwas besser?" Kleinlaut müssen Sie allerdings zugeben: „Nein, eigentlich nicht. Irgendwie fehlt da noch etwas ..."

Was also fehlt? Die realitätsverzerrende Botschaft ist zwar aufgedeckt und korrigiert, nicht aber die heiße Selbstkommunikation, die für die Prüfungsangst verantwortlich ist. Immer, wenn Sie bei sich grob realitätsverzerrende Botschaften entdecken, sollten Sie deshalb zwei Punkte beachten:

1. Begnügen Sie sich nicht damit, nur die realitätsverzerrenden Gedanken zu korrigieren. Sondern nehmen Sie diese

zunächst nur als Signal dafür, nach den wertenden, insbesondere heißen Botschaften zu suchen, das heißt nach Muss- und Katastrophen-Botschaften sowie pauschal abwertenden Inhalten. Mit hoher Wahrscheinlichkeit werden Sie fündig werden.

2. Korrigieren Sie nun zunächst Ihre heiße Selbstkommunikation. Wie Sie das machen, erfahren Sie im nächsten Kapitel. Danach korrigieren Sie auch die grob realitätsverzerrenden Aspekte Ihres inneren Selbstgesprächs.

In der folgenden Übung können Sie trainieren, selbstschädigende Gedanken auch tatsächlich zu erkennen. Wenn Sie sich bewusst über einen längeren Zeitraum beobachten und in sich hineinhorchen, werden Sie darin immer besser werden.

Kommunikationstraining – Heiße Selbstkommunikation und realitätsverzerrende Botschaften erkennen

Lesen Sie aufmerksam die folgenden vier Selbstgespräche und beantworten Sie anschließend die dazugehörenden Fragen.

1. *Selbstgespräch*

„Ich habe in meinem Leben bislang alle wichtigen Prüfungen gut bestanden. Auch diesmal habe ich mich gut vorbereitet. Es gibt also keinerlei Gründe, warum ich die bevorstehende mündliche Prüfung nicht bestehen sollte. Aber: Schließlich kann man nie genau vorhersagen, wie etwas in Zukunft ausgehen wird. Wer kann wissen, was für unvorhergesehene Umstände plötzlich dazu führen, dass alles ganz anders kommt und ich doch durchfalle!

Nein, das darf nicht passieren! Oh Gott, das wäre ja entsetzlich. Meine alte Ahnung, ich sei doch nicht so toll, wie es scheint, wäre bestätigt. Ich bin ein Versager."

Handelt es sich um …		
… eine grob realitätsverzerrende Botschaft?	JA ( )	NEIN ( )
… eine präferenzielle[23] warme Selbstkommunikation?	JA ( )	NEIN ( )
… heiße Selbstkommunikation?	JA ( )	NEIN ( )

Und zwar in Form …		
… einer Muss-Botschaft?	JA ( )	NEIN ( )
… einer Katastrophen-Botschaft?	JA ( )	NEIN ( )
…. einer pauschalen Abwertung?	JA ( )	NEIN ( )

Welche emotionale Consequenz (C) könnte diese Botschaft bewirken?

....

Welche Auswirkungen hat diese emotionale Consequenz voraussichtlich (oder tendenziell) auf meine Kommunikationsfähigkeit in der mündlichen Prüfung beziehungsweise auf mein Prüfungsverhalten insgesamt?

....

23 Präferenziell bedeutet hier: etwas vorziehen oder ablehnen, wünschen oder nicht wünschen.

2. *Selbstgespräch*

„Ich habe meinen Talisman verloren. Das könnte ein schlechtes Omen für die Prüfung bedeuten. Ich könnte durch die Prüfung rasseln. Das wäre unangenehm und hätte Nachteile für mich. Ich wünschte mir, ich hätte den Talisman in der Prüfung dabei. Wie wird das ausgehen …? Na ja, die Welt würde so oder so nicht untergehen. Ich werde versuchen, mich besonders anzustrengen."

Handelt es sich um …

… eine grob realitätsverzerrende Botschaft?	JA ( )	NEIN ( )
… eine präferenzielle warme Selbstkommunikation?	JA ( )	NEIN ( )
… heiße Selbstkommunikation?	JA ( )	NEIN ( )

Und zwar in Form …

… einer Muss-Botschaft?	JA ( )	NEIN ( )
… einer Katastrophen-Botschaft?	JA ( )	NEIN ( )
… einer pauschalen Abwertung?	JA ( )	NEIN ( )

Welche emotionale Consequenz (C) könnte diese Botschaft bewirken?

. . . .

Welche Auswirkungen hat die emotionale Consequenz voraussichtlich auf das Prüfungsverhalten?

. . . .

3. *Selbstgespräch*

„Ich Trottel habe meinen Talisman verloren. Das ist ein böses Omen für die Prüfung morgen. Jetzt ist alles aus. Wie furchtbar! Ich muss doch diese Prüfung bestehen, wie könnte ich sonst noch Achtung vor mir haben."

Handelt es sich um …		
… eine grob realitätsverzerrende Botschaft?	JA ( )	NEIN ( )
… eine präferenzielle warme Selbstkommunikation?	JA ( )	NEIN ( )
… heiße Selbstkommunikation?	JA ( )	NEIN ( )

Und zwar in Form …		
… einer Muss-Botschaft?	JA ( )	NEIN ( )
… einer Katastrophen-Botschaft?	JA ( )	NEIN ( )
… einer pauschalen Abwertung?	JA ( )	NEIN ( )

Welche emotionale Consequenz (C) könnte diese Botschaft bewirken?

. . . .

Welche Auswirkungen hat die emotionale Consequenz voraussichtlich auf das Prüfungsverhalten?

. . . .

4. *Selbstgespräch*

„Ich bin ziemlich schlecht auf die Prüfung vorbereitet. Da stehen meine Chancen wohl nicht zum Besten. Dennoch, es ist noch nichts verloren. Mit ein wenig Glück geht vielleicht noch alles gut! Außerdem hängt mein Leben nicht von dieser Prüfung ab, auch wenn es natürlich besser wäre, wenn ich die Prüfung bestünde.

Handelt es sich um …		
… eine grob realitätsverzerrende Botschaft?	JA ( )	NEIN ( )
… eine präferenzielle warme Selbstkommunikation?	JA ( )	NEIN ( )
… heiße Selbstkommunikation?	JA ( )	NEIN ( )

Und zwar in Form …		
… einer Muss-Botschaft?	JA ( )	NEIN ( )
… einer Katastrophen-Botschaft?	JA ( )	NEIN ( )
… einer pauschalen Abwertung?	JA ( )	NEIN ( )

Welche emotionale Consequenz (C) könnte diese Botschaft bewirken?

....

Welche Auswirkungen hat die emotionale Consequenz voraussichtlich auf das Prüfungsverhalten?

....

Auflösung

1. Es handelt sich um keine realitätsverzerrende Botschaft, es werden vielmehr Tatsachen berichtet („Ich habe in meinem Leben bislang alle wichtigen Prüfungen gut bestanden. Auch diesmal habe ich mich gut vorbereitet") und korrekte Schlussfolgerungen getroffen („Es gibt also keinerlei Daten und Gründe, warum ich die bevorstehende Prüfung nicht bestehen sollte"). Auch die Aussichten für die Zukunft werden richtig eingeschätzt („... man kann nie genau vorhersagen, wie etwas in Zukunft ausgehen wird").
   Es handelt sich aber auch nicht um eine warme Selbstkommunikation, die für die eigenen Wünsche und Bedürfnisse (baldiger Studienabschluss) zielführend wäre. Vielmehr ist die Selbstkommunikation heiß und selbstschädigend: Es wird eine Muss-Botschaft geäußert („Nein, das darf nicht passieren!"), es besteht die Tendenz zu katastrophisieren („Oh Gott, das wäre ja entsetzlich"), und die eigene Person wird pauschal abgewertet („Ich bin ein Versager").
   Die unangemessene emotionale Consequenz, die aus dieser Selbstkommunikation resultiert, ist eine übermäßige Prüfungsangst, die Leistung und Prüfungsverhalten mit Sicherheit beeinträchtigen wird. Solche Gefühle können einen Blackout auslösen, verunsichern stark und führen dazu, dass der Prüfling etwa zu stammeln beginnt oder den roten Faden verliert.

2. Ja, hierbei handelt es sich um eine grob realitätsverzerrende Botschaft und falsches abergläubiges Schlussfolgern („Ich habe meinen Talisman verloren. Das könnte ein schlechtes Omen für die Prüfung bedeuten"). Allerdings gelingt dem Prüfling eine durchaus warme Selbstkommunikation (Denken in Wunschform: „Ich wünschte mir, ich hätte den Talis-

man in der Prüfung dabei" beziehungsweise eine Vor- und Nachteilsabwägung: „Das wäre unangenehm und hätte Nachteile für mich"). Hingegen kann man keine heiße Selbstkommunikation ausmachen, im Gegenteil, es wird eine antikatastrophisierende Botschaft geäußert („... die Welt würde so oder so nicht untergehen").

Insgesamt ruft dieses Selbstgespräch als angemessene emotionale Consequenz Besorgnis und eine leichte Anspannung in Anbetracht der bevorstehenden Prüfung hervor. Tendenziell führt das zu vermehrter Anstrengung und größerer Konzentration: Der Prüfling ist hellwach, reaktionsschnell, achtsam, konzentriert und so weiter.

3. Auch hierbei handelt es sich um eine realitätsverzerrende Botschaft und falsches abergläubiges Schlussfolgern („Das ist ein böses Omen für die Prüfung morgen"). Wertende, selbstschädigende Gedanken (heiße Selbstkommunikation) herrschen vor. Darunter eine Muss-Botschaft („Ich muss doch diese Prüfung bestehen"), die Tendenz zu katastrophisieren („Wie furchtbar!") und eine pauschale Abwertung der eigenen Person („*Ich Trottel* ..." und „... wie könnte ich sonst noch Achtung vor mir haben").

   Daraus folgt als unangemessene emotionale Consequenz übermäßige Prüfungsangst und Minderwertigkeitsgefühle – für das Prüfungsgespräch wird das mit Sicherheit nicht von Vorteil sein.

4. Diese Botschaft ist nicht realitätsverzerrend, sie beruht auf Tatsachen („... schlecht vorbereitet auf die Prüfung"), korrekten Schlussfolgerungen („... meine Chancen stehen nicht zum besten) und Zukunftseinschätzungen („... es ist noch nichts verloren").

   Es handelt sich nicht um heiße, sondern um eine präferenzielle warme Selbstkommunikation: „Ich hätte es viel lieber, wenn ich die Prüfung bestehen würde." Vermittelt wird eher eine antikatastrophisierende Botschaft („... mein Leben hängt von dieser Prüfung nicht ab").

Folge ist eine angemessene emotionale Consequenz wie etwa Besorgnis und leichte Anspannung – normale Empfindungen vor einer Prüfung, die zielführend sind.

So ändern Sie Ihre selbstschädigende Selbstkommunikation

Bevor wir uns der entscheidenden Frage zuwenden, wie wir selbstsabotierende Gedanken verändern können, wollen wir noch einmal die bisherigen Erkenntnisschritte zusammenfassen:

Das Wechselspiel zwischen Denken, Fühlen und Verhalten

Menschen haben Wünsche und Ziele, die sie verwirklichen wollen, indem sie sich zielführend verhalten beziehungsweise zielführend kommunizieren.
Wenn Wunschziele blockiert sind, reagieren Menschen mit Gefühlen. Je nachdem wie wir über bestimmte Dinge denken und wie wir darüber mit uns selbst kommunizieren, entstehen angemessene oder unangemessene Gefühle. Heiße Selbstkommunikation (Muss-Botschaften) löst unangemessene Gefühle aus.
Unsere Gefühle triggern Verhaltensweisen, insbesondere auch kommunikatives Verhalten mit anderen Menschen. Unangemessene Gefühle führen zu zielsabotierenden Verhaltensweisen beziehungsweise schlechter Kommunikation mit anderen, während angemessene Gefühle zielführende Verhaltensweisen beziehungsweise gute Kommunikation mit anderen fördern.

Kehren wir nun zum Gespräch mit meiner Klientin Frau G. zurück. Ich hatte vorgeschlagen, ihre unangemessene Selbstkommunikation genauer unter die Lupe zu nehmen, und fuhr also fort:

> Therapeut: „Sie haben bereits einen großen Schritt getan, um zum selbstschädigenden Kern Ihrer Botschaften an sich selbst vorzudringen. Sie haben es nämlich als *entsetzlich* oder *fürchterlich* bewertet, dass Ihr Mann seine – wie Sie sich ausdrückten – Minderwertigkeitskomplexe an Ihnen auslässt …“

Frau G.: „ … obwohl ich doch nichts getan habe, als meine Meinung zu sagen!"
Therapeut: „Wenn wir eine Sache oder eine Handlung als schrecklich definieren, so verbirgt sich dahinter in der Regel ein verstecktes Muss."
Frau G.: „Ein verstecktes Muss? Was meinen Sie damit?"
Therapeut: „Nehmen Sie an, Sie würden über den Vorfall so denken: ‚Ich möchte sehr gerne, dass mein Mann keinen Minderwertigkeitskomplex hat und daher mit mir diskutieren kann, ohne aggressiv zu werden und mich zu beschimpfen, wenn meine Argumente besser sein sollten als seine. Aber ich brauche es nicht unbedingt, ich fordere es nicht, es muss nicht so sein.' Wie würden Sie dann über die Sache denken?"
Frau G.: „Wenn ich mir sagte, dass es nicht unbedingt sein muss, obgleich ich es mir sehr wünschte …? Dann sähe ich es wohl nicht als Katastrophe an, aber doch als recht frustrierend."
Therapeut: „Was ja vollkommen okay ist. Frustration im Sinne von Verdruss beziehungsweise leichtem Ärger ist eine gesunde und wünschenswerte Folge, wenn einer Ihrer Wünsche blockiert ist. Daraus ergibt sich eine starke Handlungsmotivation, die Situation – wenn möglich – zu verändern."
Frau G.: „Ohne dass ich mich in Wut versetze und damit mein Ziel gefährde."
Therapeut: „Genau das ist der entscheidende Vorteil. Ich schlage Ihnen vor, bis zu unserem nächsten Gespräch Ihr ABC aufzuschreiben, insbesondere Ihre Botschaften an sich selbst (B), mit denen Sie sich so wütend gemacht haben, sollten Sie skizzieren."

Und so überreichte mir Frau G. zur nächsten Sitzung folgendes ABC:

ABC-Analyse

Aktivierendes Ereignis: Mein Mann greift mich persönlich an und beschimpft mich als studierte Rechthaberin.

Botschaften an mich selbst, heiße Selbstkommunikation:
„Es ist *schrecklich*, mit einem Partner zusammenzuleben, der sich *immer* so verhält."
„Mein Mann *muss unbedingt* aufhören, mich zu beschimpfen."
„Ich *kann es nicht ertragen*, wenn er sich so unfair verhält."
„Wie konnte ich so dumm sein, mich auf diesen Partner einzulassen?"

Consequenzen: Die Gefühle (emotionale Consequenzen), die daraus entstehen, sind seelischer Schmerz, Wut sowie Selbstmitleid. Daraus resultiert dann mein kommunikatives Verhalten (behavoriale Consequenz/Verhaltenskonsequenz) im Streit mit meinem Mann.

Daran anknüpfend führten wir unser Gespräch fort:

Therapeut: „Da haben Sie also eine Muss-, eine Katastrophen- und eine Ich-kann-es-nicht-aushalten-Botschaft aufgeschrieben. Interessanterweise steht da noch etwas anderes. Was meinen Sie denn mit der Frage: ‚Wie konnte ich nur so dumm sein …?'"
Frau G.: „Ja, es ist wohl mehr eine Feststellung …"
Therapeut: „Oft formulieren wir Botschaften als rhetorische Fragen. Was verbirgt sich aber hinter Ihrer Frage? Was meinen Sie?"
Frau G.: „Wohl so etwas wie: ‚Ich hätte es besser wissen *müssen*!'"
Therapeut: „Da haben Sie also die nächste absolute Forderung, das nächste Muss! Kein Wunder, dass Sie so feindselige Gefühle entwickeln. Übrigens, Sie haben Ihr

kommunikatives Verhalten (bC) als Folge Ihrer Wutgefühle gar nicht genauer erläutert?“
Frau G.: „Ja, das habe ich vergessen, Sie haben recht. Aber es ist mir eigentlich sonnenklar, dass meine Wut zu aggressiven Äußerungen führt und ich damit einen Streit provoziere.“
Therapeut: „Und so entfernen Sie sich wahrscheinlich immer weiter von Ihrem Ziel, sich vernünftig mit Ihrem Mann zu verständigen.“

In zwei Schritten zu neuen Botschaften – Die Disputation

Nachdem wir nun also unsere selbstschädigenden Gedanken ausfindig gemacht haben, gelangen wir in zwei Schritten zu neuen, hilfreichen Botschaften. Dies gelingt uns mit der sogenannten Disputation.

Zunächst stellen wir die alten Botschaften infrage. Das kann man durchaus wörtlich nehmen, indem wir sie als Fragen neu formulieren. Die Selbstkommunikation von Frau G. soll uns als Beispiel dienen:

Ist es wirklich schrecklich, mit einem Partner zusammenzuleben, der sich immer so verhält? Zusatzfrage: Verhält er sich wirklich immer so?
Muss mein Mann unbedingt aufhören, mich zu beschimpfen?
Ist es wirklich nicht zu ertragen, dass er sich unfair verhält?
Hätte ich es wirklich besser wissen müssen?

Um diese Fragen zu beantworten übernehmen wir sozusagen die Rolle eines Sherlock Holmes in eigener Sache: Wo sind die soliden Beweise dafür, dass das, was wir uns sagen, stimmt? Sherlock Holmes stützte sich bei seiner detektivischen Arbeit oftmals auf Logik und wissenschaftliches Denken: Wo ist der Beweis dafür, dass die Theorie korrekt ist? Gibt es Fakten, die meine Annahmen stützen? Erklären meine Botschaften an mich selbst die beobachteten Ergebnisse tatsächlich? Mit solchen und ähnlichen Fragen leiten Sie die Disputation ein.

Das Infragestellen oder Die Disputation

1. Ist das, was ich zu mir sage (die Botschaft) wahr beziehungsweise logisch?
   Ist das wahr?
   Woher weiß ich das?
   Ist es logisch?
   Wieso?
   Woraus folgt das?

2. Welche handfesten Beweise habe ich für meine Annahmen?
   Gibt es einen Beweis?
   Wo steht das geschrieben?
   Gibt es dafür ein allgemeingültiges Gesetz?

3. Was sind die Konsequenzen, wenn ich die irrationale Botschaft beibehalte? Ist die Botschaft hilfreich (gemessen an meinen Zielen)?
   Was passiert, wenn ich weiter daran glaube?
   Werde ich so meine wirklichen Wunschziele erreichen?
   Werde ich mich infolge zielgerecht verhalten?

Kommunikationstraining – Disputieren Sie selbstschädigende Botschaften

Versetzen Sie sich nun in Frau G. und versuchen Sie, ihre selbstschädigenden Botschaften (Seite 121) mithilfe dieses Schemas zunächst selbst in Gedanken zu disputieren, bevor Sie weiterlesen.

Muss-Botschaften infrage stellen

Am Beispiel von Frau G. verdeutliche ich nun die Vorgehensweise des Disputierens noch einmal im Detail. Die Antworten, zu denen wir so gelangen, verhelfen uns dann im zweiten Schritt zu einer neuen hilfreichen Lebensphilosophie und einer positiven, zielführenden Selbstkommunikation.

> „Mein Mann *muss* unbedingt aufhören, mich zu beschimpfen."
> Infrage stellen: „Muss mein Mann unbedingt aufhören, mich zu beschimpfen? Wieso muss er das? Wo steht das geschrieben? Oder gibt es ein Gesetz, das dies vorschreibt?"
> Antwort: „Offensichtlich gibt es keinen Grund, warum er unbedingt aufhören muss, mich zu beschimpfen, wenngleich ich es mir sehr wünschen würde. Jedoch, wo steht geschrieben, dass ich bekommen muss, was ich mir sehnlichst wünsche? Gibt es etwa eine Garantieurkunde, die mir in die Wiege gelegt wurde und die mir genau das für mein ganzes Leben garantiert? Leider nein. Und es gibt natürlich auch kein universelles Gesetz, das meinem Mann unfaires Verhalten verbietet, auch wenn er

vielleicht gegen die Regeln des Anstands verstößt – es wäre zwar wünschenswert, dass er diese Regeln einhält, aber es *muss* nicht sein."

„Wohin wird mich meine absolute Forderung bringen? Werde ich mich weniger wütend machen?"
Antwort: „Nein! Ich werde weiterhin wütend reagieren, mich ihm gegenüber aggressiv verhalten und nicht gerade zielführend kommunizieren. Die Chancen, dass mein Partner sich daraufhin ändern wird, stehen schlecht. Im Gegenteil werden wir uns immer öfter streiten und unsere Beziehung wird immer stärker darunter leiden."

Schlussfolgerung (neue Lebensphilosophie): „Die alte Botschaft hilft mir also nicht, sondern schadet eher. Und das ist Grund genug, sie durch eine neue zu ersetzen! Außerdem ist die alte Botschaft auch noch unlogisch und hält einer wirklichkeitsgerechten Überprüfung nicht stand. Bessere Gründe kann es gar nicht geben, um eine neue Botschaft zu formulieren, die mir hilft, logisch ist und mit der Realität übereinstimmt!"

Neue hilfreiche Botschaft: „Zwar wünsche ich mir sehr, dass mein Partner aufhört, mich weiter unfair zu beschimpfen, aber ich bin kein kleines Kind mehr, das unbedingt haben muss, was es will! Mit dieser Botschaft werde ich mich nicht mehr wütend machen. Dann wird es mir möglich sein, meine aggressiven Kommunikationsmuster abzubauen und meine Kommunikation mit meinem Partner zu optimieren, sodass ich eher mein Wunschziel erreiche."

Seien Sie jedoch vorsichtig und wählen Sie Ihre Antworten innerhalb der Disputation mit Bedacht aus. Es gibt einige typische Antworten auf das Infragestellen von Muss-Botschaften, die nur Scheinbegründungen enthalten. Zum Beispiel: „Warum muss mein Mann unbedingt aufhören, mich zu beschimpfen?" – „Weil ich es nicht mehr ertrage, dass er sich so verhält." Hier wird die Muss-Botschaft einfach durch die ebenfalls irrationale Begründung „Ich kann es nicht aushalten" gerechtfertigt. Sehen Sie sich auch noch das folgende Beispiel an:

> Infrage stellen: „Warum darf sich mein Partner mir gegenüber nicht unfair verhalten?"
> Scheinbegründung: „Weil er dazu kein Recht hat."

Hier wird das Muss nur durch eine andere Vokabel ersetzt, also fragen wir weiter:

> Infrage stellen: „Wieso hat er kein Recht dazu?"
> Scheinbegründung: „Weil *man* kein Recht dazu hat."
> Infrage stellen: „Wieso hat man kein Recht dazu?"
> Scheinbegründung: „Weil man das nicht tut, das ist unmoralisch."
> Infrage stellen: „Warum darf man nicht unmoralisch handeln?"
> Scheinbegründung: „Weil man sonst bestraft wird. Man darf auch nicht unfair Fußball spielen, sonst wird man bestraft."
> Infrage stellen: „Und weil der unfaire Fußballspieler mit Platzverweis bestraft wird, folgt daraus, dass er nicht unfair sein darf? Natürlich darf er, aber dann riskiert er eine Strafe durch den Schiedsrichter. Die Frage ist vielmehr: Will ein kluger Spieler das?" (Antwort für die

Fußballkenner unter meinen Lesern: Das kommt auf die Situation an – Tor oder Elfmeter?)

Achten Sie also darauf, dass Sie Ihre Muss-Botschaft nicht zum Schein begründen![24] Aber keine Sorge: Mit ein wenig Geduld und Übung lernen Sie allmählich, Ihre alten Muss-Botschaften gründlich zu hinterfragen und durch neues Denken zu ersetzen.

Eine besonders verbreitete Muss-Botschaft ist die von Albert Ellis sogenannte irrationale Idee Nummer 1, die wir wie folgt infrage stellen können:

Muss-Botschaft
„Es ist für mich absolut notwendig, dass mich praktisch alle Leute in meinem Umfeld schätzen und anerkennen. Ich darf daher nichts sagen oder tun, was meine Gesprächspartner veranlassen könnte, mich zurückzuweisen oder abzulehnen."

Diese Botschaft führt dazu, dass ich ...
„... mich in Gesprächssituationen nicht traue, meine Meinung offen und ehrlich zu äußern, Konflikten aus dem Wege gehe, selbst wenn andere Personen meine persönlichen Rechte verletzen. Ich verzichte vielleicht darauf, meine Wünsche zu äußern, halte meine (negativen wie positiven) Gefühle zurück und vermeide sogar den Kontakt mit anderen Menschen, obwohl ich gerne eine Beziehung zu ihnen aufbauen würde."

24 In der Psychologie wird eine solche Scheinbegründung auch als Rationalisierung bezeichnet.

Das werde ich nicht mehr zu mir sagen, weil …
„… die Forderung, von allen anerkannt zu werden, irrational ist. Ich setze mir damit ein unerreichbares Ziel, denn wie ich es auch immer anstelle: Manche Leute werden mich schätzen, andere nicht. Die große Mehrheit wird sich kaum wirklich darum kümmern.
Und selbst wenn ich von allen Leuten geschätzt werde, von deren Anerkennung ich scheinbar oder wirklich abhängig bin und die mir daher wichtig sind, werde ich mir ständig Sorgen machen, ob das auch so bleiben wird. Wenn ich mich von der Anerkennung anderer abhängig mache, werde ich also zwangsläufig immer ein gewisses Maß an Angst vor Ablehnung oder Zurückweisung verspüren.
Wenn ich mich ständig um die Anerkennung anderer bemühe, so werde ich den Blick dafür verlieren, was ich wirklich will in meinem Leben. Ich werde im Gegenteil ständig auf die Wünsche und Bedürfnisse der anderen achten und mich gezwungen sehen, diese zu erfüllen, auch wenn sie meinen Wünschen und Bedürfnissen nicht entsprechen. Mit anderen Worten: Ich lebe fremdanstatt selbstbestimmt.“

Stattdessen werde ich mir sagen …
„… dass es viel wichtiger ist, mein Leben so zu gestalten, wie es meinen Interessen und Wünschen entspricht. Wenn ich das tue, so werde ich Menschen finden, die mich mögen, unterstützen und anerkennen, auch wenn es vielleicht nicht die Personen sind, deren Anerkennung ich im Moment fordere. In meinem ureigenen Interesse bin ich am besten beraten, wenn ich die Anerkennung anderer zwar angenehm und wünschenswert, aber nicht

notwendig finde. Es ist wichtig zu erkennen, dass wahre Selbstachtung nicht auf die Anerkennung durch andere zurückzuführen ist, sondern auf die Wertschätzung der eigenen Person und Lebensführung.
Ich werde also aufhören, mich zu fragen: Was möchten die anderen? Wie kann ich mich verhalten, um ihnen gerecht zu werden. Stattdessen werde ich mich fragen: Was möchte ich im Lauf meines relativ kurzen Menschenlebens eigentlich tun?"

Kommunikationstraining – Sokrates und seine Schüler

Eine gute und zuweilen recht kurzweilige Methode, selbstschädigenden Botschaften auf die Schliche zu kommen, ist der sogenannte Sokratische Dialog. Dabei handelt es sich – wie schon die Bezeichnung verrät – um eine bestimmte Art der Gesprächsführung, die auf den Philosophen Sokrates zurückgeht. Sie wird in der modernen Verhaltenstherapie – besonders von Rational-Emotiven Verhaltenstherapeuten – als wichtige Methode der Disputation angewandt.

Wesentliches Mittel des Sokratischen Dialogs sind Fragen, mit deren Hilfe der Klient eine neue Erkenntnis gewinnen soll. Der Therapeut – oder bei Sokrates der Lehrer – unterbreitet seinem Klienten – oder Schüler – also nicht die fertigen Ergebnisse, sondern bringt ihn durch Fragen dazu, eine eigene Einsicht zu gewinnen.[25]

Es geht dabei nicht um ein Streitgespräch oder darum, dem anderen schulmeisterlich die „Wahrheit" beizubringen. Vielmehr fördert der Fragestil die Selbsterkenntnis des Klienten

25 Martin, G. (1980), S. 129.

oder Schülers. Er lernt, sein Denken in bestimmten Situationen zu hinterfragen und zu prüfen, inwiefern seine Annahmen der tatsächlichen Realität entsprechen beziehungsweise logisch nachvollziehbar sind.

Mit einem guten Freund oder Ihrem Partner können Sie „Sokrates und sein Schüler“ spielen, indem Sie in der Rolle des Sokrates Ansichten Ihres Gesprächspartners (bevorzugt solche, die ein Müssen, Sollen, Sollten, Nichtdürfen enthalten) hinterfragen. Danach können Sie die Rollen tauschen. Einen „Sieger“ gibt es nicht, es geht ausschließlich um die Selbsterkenntnis. Wichtig ist außerdem, dass Sie und Ihr Gesprächspartner einander vertrauen – Ziel des Spieles ist es nicht, den anderen bloßzustellen. Da es oft um sensible Themen und Konflikte geht, sollten Sie sich diese Spielregel immer wieder bewusst machen.

Katastrophen-Botschaften infrage stellen

Wenn Sie auf ein Aktivierendes Ereignis (A) mit einer Muss-Botschaft (B) reagieren, kommt es sehr leicht zu einem Teufelskreis irrationaler Selbstkommunikation. Sie starten vielleicht mit: „Mein Partner muss (müsste, sollte) aufhören, mich unfair zu behandeln.“ Wenn aber Ihre absolutistische Forderung nicht Realität wird, also Ihr Partner Sie weiterhin unfair behandelt, dann formulieren Sie vielleicht folgende Botschaft an sich selbst: „Es ist schrecklich, eine einzige Katastrophe, dass mein Partner nicht tut, was er meiner Meinung nach tun muss (müsste, sollte). Das ist nicht auszuhalten!“ Diese Annahme wird zum scheinbaren Beweis dafür erhoben, dass Ihre ursprüngliche Muss-Botschaft wahr sein muss. Dadurch verstärkt sich Ihre Tendenz, absolutistische dogmatische Forderungen zu stellen und Sie fahren fort mit: „Weil es eine Katastrophe ist, dass mein Partner mich unfair behandelt und weil ich das nicht aushalte, muss sofort Schluss damit sein – er muss damit aufhören!“ Dieser Teufelskreis weitet sich dann auch auf andere Situationen mit Ihrem Partner und sogar andere Lebensbereiche – in denen Sie jetzt ähnlich dogmatisch denken – aus. So leiden Sie zunehmend unter Gefühlen der Wut, Depression, Angst und des schlechten Gewissens. Es gilt nun, diesen Teufelskreis zu durchbrechen.

Katastrophen-Botschaften oder schwärzer als schwarz

Unangenehme, nachteilige Ereignisse lassen sich auf einer Skala des Katastrophisierens von 0 bis 100 einordnen. 100 Punkte entsprechen dabei einer absoluten Katastrophe, etwas ist zu 100 Prozent schlecht. Ich könnte zum Beispiel ein Ereignis oder eine Sache als „etwas lästig“ (10 Punkte), „ziemlich lästig“ (30 Punkte), „sehr unangenehm“ (85 Punkte) oder „außerordentlich unangenehm“ (95 Punkte) ansehen. Man spricht hierbei auch von subjektiven Punktwerten, die vergeben werden, um eine subjektive Einschätzung zu verdeutlichen. Diese Methode wird häufig in der Psychotherapie eingesetzt.

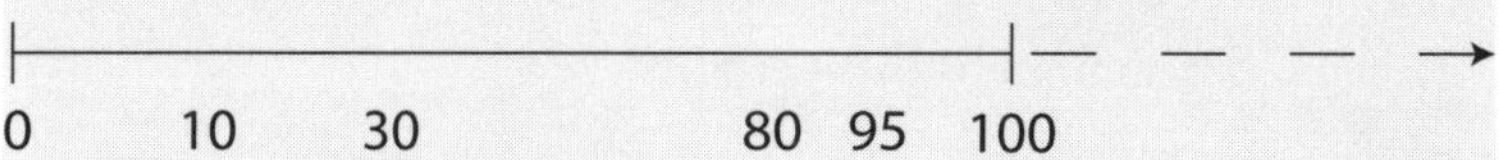

Wenn ich nun Ereignisse als entsetzlich, fürchterlich, schrecklich und so weiter bewerte, so meine ich damit in der Regel, dass das Ereignis zu 100 Prozent schlecht ist und vielleicht sogar noch ein magisches Stückchen schlechter – also zu 101 Prozent. Eine solche Vorstellung entspricht aber nicht unserer Wirklichkeit, denn logischerweise kann nichts schwärzer als schwarz oder schlechter als (vollkommen) schlecht sein.
Die Irrationalität der Katastrophen-Botschaften lässt sich aber auch noch auf andere Weise verdeutlichen. Aufgrund der Tatsache, dass es in der Realität kaum vorkommen dürfte, dass eine Sache wirklich vollkommen – also 100-prozentig – schlecht ist, kommt eine Skala von 0 bis unendlich der Sache näher.

Auf dieser liegt eine *Katastrophe* im Unendlichen. Wenn ich nun beispielsweise meine Krankheit als entsetzlich ansähe, so hieße das, dass es praktisch keine schlimmere Krankheit geben kann. Oder: Wenn jemand einen *furchtbaren* Tod erleidet, indem er den „tausendfachen Tod am Marterpfahl" stirbt, so dürfte es keinen schlimmeren Tod als diesen geben. Aber man kann immer noch langsamer und wirkungsvoller zu Tode gemartert werden. Die Geschichte der Menschheit ist leider voll von traurigen Rekorden in dieser Hinsicht. Dieses letzte Beispiel schildert natürlich einen Extremfall, vor dem unser alltägliches psychisches Leiden verblasst. Umso mehr gilt: Es ist in hohem Maße irrational und selbstschädigend, wenn ich zweifelsohne ertragbare Dinge wie eine Trennung, fehlende berufliche Anerkennung, finanzielle Sorgen und so weiter als Katastrophen ansehe.

Stellen Sie nun eine Katastrophen-Botschaft infrage:

Katastrophen-Botschaft

> „Es ist *schrecklich*, mit einem Partner zusammenzuleben, der sich immer so verhält."

Diese Botschaft führt dazu, dass ich …

> „… selbstschädigende Gefühle und in Folge keine zielführenden kommunikativen Verhaltenweisen entwickle. Ich werde weiterhin wütend und aggressiv reagieren und entsprechend schlecht kommunizieren. Damit reduziere ich die Chancen für ein konstruktives Gespräch zwischen mir und meinem Partner. Denn selbst wenn ich hilfreichere Kommunikationsformen für den Umgang mit anderen erlerne, werde ich diese kaum erfolgreich anwenden können, solange ich meine Gefühle nicht besser kontrollieren kann."

Das werde ich nicht mehr zu mir sagen, weil …

„… es gar nicht den Tatsachen entspricht. Wenn ich sage, es sei schrecklich, dann meine ich damit in Wahrheit: Die Sache ist nicht nur negativ, nachteilig, sondern zu 100 Prozent negativ oder noch ein magisches Stückchen schlechter. Aber wenn ich genau darüber nachdenke, komme ich zu dem Ergebnis, dass es viele Dinge in meinem Leben gibt oder geben könnte, die bedeutend unangenehmer wären – wenn ich nur an schwere Krankheiten oder Unfälle denke, die ich erleiden könnte. Welchen subjektiven Wert auf der Katastrophenskala würde ich zum Beispiel einem Unfall mit Querschnittslähmung geben? Vielleicht 95? Und wie würde ich eine Trennung bewerten? Vielleicht mit 80? Dass mein Partner sein Verhalten nicht ändert, verdient verglichen mit diesen Ereignissen wohl nur den Punktwert 75 – ist also in Wirklichkeit gar nicht *schrecklich*. Wie dem auch sei, schon die Tatsache, dass das Zusammenleben mit meinem Partner nicht ausschließlich nachteilig ist, zeigt, wie sehr ich übertreibe."

Stattdessen werde ich mir sagen …

„… dass ich das Verhalten meines Partners zwar als ziemlich unangenehm und negativ ansehe, aber nicht als 100-prozentig nachteilig und schlecht. Es besteht kein Grund, es als furchtbar oder als *das Schlimmste*, was mir passieren könnte, zu beurteilen. In Wirklichkeit hat das Zusammenleben mit meinem Partner neben den unerwünschten Aspekten auch noch viele schöne Momente. Da ich dennoch natürlich die unangenehmen Aspekte in meiner Beziehung ändern möchte, werde ich einen Weg beschreiten, der die besten Aussichten auf Erfolg bietet, anstatt meine Chancen zu verschlechtern, indem ich die Situation schlimmer mache als sie ist und so unangemessene Gefühle und in Folge selbstschädigendes Verhalten hervorrufe."

Ich-kann-es-nicht-aushalten-Botschaften infrage stellen

Viele Menschen glauben, dass es besser sei, nur die Dinge zu tun, die ihnen leicht fallen oder Spaß machen. Insbesondere meinen sie, dass viele Schwierigkeiten nicht zu ertragen seien oder es zu anstrengend sei, wenn man nicht den vermeintlich leichtesten Weg gehe. Das Leben müsse immer angenehm sein! Viele selbstschädigende Verhaltensweisen resultieren daraus – Menschen flüchten in Süchte, weigern sich an ihren emotionalen Problemen zu arbeiten, weichen schwierigen Situationen aus und gehen unangenehmen Aufgaben aus dem Weg. Sie leiden unter einer geringen Frustrationstoleranz.

Dazu ein Beispiel: Sabine S. ist befördert worden, zum ersten Mal in ihrem Berufsleben übernimmt sie Mitarbeiterverantwortung. Bisher hat sie ihren Job sehr gut gemacht, ihre Kollegen schätzen und mögen sie. Mit einer Sache hat sie allerdings große Schwierigkeiten: Unangenehme Gespräche führt sie nicht nur äußerst ungern, sie hat regelrecht Angst davor, sich diesen zu stellen, und wacht morgens schon mit Bauchschmerzen auf, wenn ein solches Gespräch ansteht.

Obwohl es in ihrer neuen Position aber extrem wichtig ist, Schwierigkeiten und Probleme direkt anzusprechen und konstruktiv Kritik zu üben, glaubt sie, sie könne eine solche Situation *nicht aushalten*. Sie könne es *nicht ertragen* etwa die Arbeit eines Mitarbeiters zu kritisieren, Dinge einzufordern oder – noch schlimmer – sich unbeliebt zu machen, weil es ihre neue Stellung von ihr verlangt.

Deshalb geht sie solchen Kommunikationssituationen auch so oft wie möglich aus dem Weg oder schiebt unangenehme Gespräche von einem Tag auf den anderen auf. Sie merkt natürlich auch, dass die Probleme so nicht kleiner, sondern eher größer werden.

In letzter Zeit hat sie damit begonnen, Kritik nur noch schriftlich per E-Mail zu üben – was aber oft neue Probleme nach sich zieht. Häufig entstehen Missverständnisse, die sie in einem direkten, persönlichen Gespräch hätte vermeiden können. Sabine S. fühlt sich immer unwohler in ihrer Haut. Sobald sie sich mit einem Konflikt konfrontiert sieht, geht es ihr schlecht. Ihre Frustationstoleranz sinkt zunehmend.

Dass wir annehmen, etwas sei einfach *zu hart*, bewirkt, dass wir uns bestimmten Herausforderungen nicht stellen. Wir vermeiden wie im Beispiel oben etwa angstbesetzte Gesprächssituationen – obwohl wir damit genau das Gegenteil erreichen und sich unsere Angst noch verfestigt. Stattdessen gehen wir den vermeintlich leichteren Weg, der in Wirklichkeit nur zu oft der schwerere ist.

Es ist in Wahrheit Unsinn, zu glauben, dass man etwas nicht ertragen könne. Alle Unannehmlichkeiten können wir ertragen, auch wenn wir sie niemals mögen werden! Wenn wir hingegen weiterhin dem irrationalen Glauben anhängen, das Leben müsse leicht und angenehm sein, so handeln wir uns in der Regel zusätzliche Schwierigkeiten ein. Wir blockieren uns selbst und kommen der Lösung unserer Probleme kein Stück näher. Zudem machen wir uns depressiv, indem wir uns sagen, nichts könne unsere Probleme beseitigen, und sorgen für Minderwertigkeitsgefühle, weil wir uns als Versager ansehen. Wir erzeugen noch größeren Stress, indem wir einerseits den Weg aus der Misere als zu schwer definieren, andererseits aber mit der momentanen Situation unzufrieden bleiben und vielleicht auch später Nachteile dadurch erleiden.

Diesmal stellen wir eine Ich-kann-es-nicht-aushalten-Botschaft infrage:

Ich-kann-es-nicht-aushalten-Botschaft

> „*Es ist unerträglich*, dass mich mein Partner unfair behandelt, und es ist viel *zu anstrengend*, diesen Konflikt mit meinem Partner zu besprechen."

Diese Botschaft führt dazu, dass ich …

> „… mich selbstschädigend verhalte – auch in Kommunikationssituationen. Außerdem weigere ich mich – auf defensive oder auch aggressive Art und Weise –, Konflikte anzugehen oder an belastenden emotionalen Problemen zu arbeiten.
> Häufig reagiere ich mit Erwiderungen wie: ‚Lass uns ein anderes Mal darüber reden …', ‚Darüber zu reden, ist mir jetzt *zu anstrengend*', ‚Fang jetzt nicht schon wieder damit an, wir reden ja nur noch über Probleme', ‚Musst du alles analysieren? Das ist ja *unerträglich*', ‚Ich bin eben wie ich bin'. Vor allem meine Angst vor Unannehmlichkeiten (körperlicher und/oder psychischer Art) beziehungsweise vor dem Verlust von Wohlbefinden (englisch: discomfort anxiety) ist der Grund für mein Verhalten."

Das werde ich nicht mehr zu mir sagen, weil …

> „… es irrational ist. Ich werde das unfaire Verhalten meines Partners bestimmt niemals mögen, aber ganz sicher kann ich es ertragen und aushalten. Ich werde daran nicht sterben – wirklich krank machen mich hingegen meine eigenen selbstschädigenden Gedanken. Sie sind unrealistisch und unlogisch und sie helfen mir nicht, meine Wunschziele zu erreichen, sondern sabotieren sie nur. Daher werde ich eine neue hilfreiche Botschaft formulieren."

Stattdessen werde ich mir sagen …

> „… dass es sicher unangenehm ist, mit einem Partner zu leben, der sich häufig unfair verhält. Es ist aber nicht wahr, dass mein Leben unter diesen Umständen vollkommen freudlos verlaufen muss. Ich bin nicht in einer Alles-oder-nichts-Situation. Wenn ich mich dafür entscheide, mit meinem Partner trotz seines Verhaltens weiter zusammenzuleben, dann werde ich in dieser Beziehung sicher weniger Zufriedenheit finden, als wenn er sich anders verhielte. Aber es gibt auch sehr viele positive Aspekte in unserer Beziehung. Außerdem: Wenn ich mich von den selbstsabotierenden Gedanken löse, werde ich mit meinem Partner erfolgreicher kommunizieren können und auf diese Weise die Chancen erhöhen, dass er doch noch sein Verhalten ändert."

Grundsätzlich sollten Sie sich folgende Lebensphilosophie aneignen: „Ich-kann-es-nicht-aushalten-Botschaften können zu ernsten Problemen führen. Indem ich unerfreuliche Dinge aufschiebe, beseitige ich sie nicht. Ich beschäftige mich nur länger damit, meine Gedanken kreisen immer wieder darum und es wird immer unangenehmer und schwieriger, das jeweilige Problem anzugehen."

Scheinbar ist das Leben leichter, wenn wir Unerfreuliches aufschieben. In Wirklichkeit handelt es sich aber nur um eine augenblickliche Erleichterung. Manchmal bedarf es sogar eines beträchtlichen Aufwands, schwierige Aufgaben oder Entscheidungen zu umgehen. Man vergeudet viel Zeit – zum Beispiel auch mit Selbstanschuldigungen und Diskussionen mit sich selbst – und fühlt sich unwohl! Man leidet beispielsweise weiter unter der schlechten Stimmung im Büro, weil man sich scheut, den Kollegen auf die Probleme anzusprechen. Das kann weitaus unangenehmer sein als die möglichen Folgen, wenn man die schwierige Herausforderung endlich angeht.

Ein Leben ohne Sorgen und Mühen klingt für viele Leute verlockend: Nichts tun, nur in der Sonne liegen ... Aber Menschen sind gar nicht am zufriedensten, wenn sie nichts zu tun haben, sondern dann, wenn sie ihre Ziele verfolgen und an deren Verwirklichung arbeiten. Leben schließt alles mit ein: Arbeiten, handeln, erfahren, etwas tun!

Es ist grundsätzlich empfehlenswert, die nötigen Dinge zu tun, ohne zu klagen und ohne zu zögern – egal, wie wenig Sie sie mögen. Gleichzeitig können Sie überlegen, wie Sie die wirklich unnötigen Schwierigkeiten im Leben vermeiden. Wenn Sie notwendige, unangenehme Aufgaben angehen, sollten Sie sich im Anschluss immer auch mit angenehmen Dingen belohnen. So wird es auch leichter sein, das Schöne im Leben zu genießen und die Freude daran wird nicht durch unerledigte und unangenehme Aufgaben getrübt.

Das gilt insbesondere auch für schwierige Kommunikationssituationen. Oft schieben wir unangenehme Gespräche auf und drücken uns davor, etwas zur Sprache zu bringen, weil wir uns vor der Reaktion unseres Gegenübers fürchten. Innerlich aber hadern wir mit uns selbst, wenn es uns nicht gelingt, die Dinge anzusprechen, die uns auf der Seele brennen – denn häufig ist der scheinbar leichte Weg in Wirklichkeit der schwerere!

Selbstanalyse – Meine neuen Botschaften

In der Selbstanalyse auf Seite 105 haben Sie eigene Muss-, Katastrophen- und Ich-kann-es-nicht-aushalten-Botschaften formuliert. Suchen Sie sich die heraus, die Ihnen im Gespräch mit anderen die meisten Probleme bereiten. Versuchen Sie diese selbstschädigenden und wenig zielführenden Botschaften zu disputieren und formulieren Sie stattdessen neue, hilfreiche.

Legen Sie hierzu eine dreispaltige Tabelle in Ihrem Arbeitsheft an und beschreiben Sie kurz die jeweilige Kommunikationssituation (Gespräch), die nicht so verlaufen ist, wie Sie es sich vorgestellt haben. Formulieren Sie die damit einhergehenden selbstschädigenden Gedanken und skizzieren Sie im Anschluss Ihre neue hilfreiche Botschaft.

Gesprächssituation	*Selbstschädigende Botschaft*	*Neue Botschaft*
…	…	…

Perfektionistisches Denken infrage stellen

Zurück zu unserem Therapiegespräch mit Frau G. – und einer weiteren Botschaft ihres Selbstgesprächs: „Ich hätte es besser wissen müssen."

> Therapeut: „Wie steht es nun mit dieser letzten Botschaft?"
> Frau G.: „Ich stelle sie ebenso infrage. Hätte ich es wirklich besser wissen müssen?"
> Therapeut: „Tun Sie das! Disputieren Sie!"
> Frau G.: „Ich habe wieder eine Muss-Botschaft an mich gerichtet. Wieder gibt es keinen Grund, warum ich es hätte besser wissen müssen, wenngleich es vielleicht vorteilhafter

gewesen wäre, es zu wissen. Ich hätte mich besser darauf einstellen können. Aber vor allem ein Grund spricht ganz entschieden gegen meine Muss-Forderung. Ich kann die Vergangenheit nicht ändern, und so kann meine Forderung überhaupt nichts bewirken."

Therapeut: „Das ist richtig. Allerdings glaube ich dennoch, dass Ihre Forderung etwas bewirkt – allerdings etwas negatives."

Frau G.: „Ich mache mich damit wütend und aggressiv."

Therapeut: „Wirklich? Nicht immer ist Aggressivität die Folge von Muss-Botschaften. Überlegen Sie einmal, haben Sie einen solchen oder ähnlichen Gedanken in der Vergangenheit schon öfter bei sich entdeckt?"

Frau G.: „Ja, sicher. Ich habe mich im Hinblick auf unsere Beziehungsprobleme schon oft gefragt: Wieso habe ich das nicht gemerkt? Wie konnte ich nur so dumm sein, es nicht zu erkennen? Also habe ich nach Gründen gesucht, ob es vielleicht an mir liegen könnte, dass ich bestimmte Dinge einfach nicht rechtzeitig erkannt habe."

Therapeut: „Haben Sie welche gefunden?"

Frau G.: „Mal habe ich gedacht, dass ich vielleicht nicht sensibel genug bin. Dann wieder, dass mein Mann recht hat, wenn er mir vorwirft, ich sei eine typische Intellektuelle, die glaubt, man könne alles mit Logik erklären. Ich habe dann an mir gezweifelt ..."

Therapeut: „Und wie ging es Ihnen dabei?"

Frau G.: „Schlecht. Ich war dann ziemlich niedergeschlagen."

Therapeut: „... und haben weiter gegrübelt, was eigentlich los ist."

Frau G.: „Genau. Dieses Grübeln ist schlimm, es ist sogar fast zwanghaft. Dauernd denke ich dann über die Beziehung nach, frage mich, was los ist, wer schuld ist, wo die Schuld liegt – und komme zu keinem Ergebnis."

Therapeut: „Und infolgedessen denken Sie noch mehr nach und grübeln immer weiter …"

Frau G.: „… ja, ich bin dann in Gedanken den Streit noch einmal Wort für Wort durchgegangen und habe versucht herauszubekommen, was falsch gelaufen ist und wo meine Schuld liegen könnte."

Therapeut: „Also ein Teufelskreis: Sie sind niedergeschlagen, grübeln darüber nach, werden noch niedergeschlagener und so weiter."

Frau G.: „Ja, anstatt unseren Konflikt offen anzusprechen, habe ich darüber gegrübelt – ohne zu einem Ergebnis zu kommen."

Kennen Sie vielleicht ähnliche Gedanken aus Ihrem Alltag? Suchen Sie oft in Ihrem eigenen Verhalten nach Schuld und fragen sich, was sie falsch gemacht haben? Und können Sie Fehler, die Ihnen unterlaufen sind, nicht akzeptieren? Folgende selbstschädigende Botschaft taucht in diesem Zusammenhang sehr häufig auf:

Perfektionistisches Denken

„Ich muss bei allen Aufgaben, die sich mir stellen, kompetent, erfolgreich und leistungsfähig sein. Nur dann kann ich mich als wertvoll empfinden."

Diese Botschaft führt dazu, dass ich …

„… in Kommunikationssituationen hochgradig ängstlich und angespannt bin. Ich habe Angst, dass mir ein Fehler unterlaufen oder ich etwas Falsches sagen könnte. In beruflichen Diskussionen und Teambesprechungen vermeide ich lieber, das Wort zu ergreifen oder einen Gesprächsbeitrag zu liefern. Bei Freunden und Bekannten gelte ich als still und zurückhaltend. “

Das werde ich nicht mehr zu mir sagen, weil ....

„... ich diese Anforderung gar nicht erfüllen kann. Kein Mensch kann auf allen oder den meisten Gebieten hervorragende Leistungen vollbringen. Dies zu fordern, ist höchst unrealistisch – jeder Mensch macht unweigerlich hin und wieder Fehler. Mein Glaube an Perfektion widerspricht grundsätzlich der Wirklichkeit, weil es so etwas wie absolute Sicherheit und Wahrheit nicht gibt. Wir leben in einer Welt der Wahrscheinlichkeit und der Möglichkeiten. Wenn ich es aber für unerträglich halte, dass ich keine absolute Sicherheit erlangen kann, so wird sich unweigerlich Angst einstellen. Und immer wenn mir ein Fehler passiert, werde ich unter starken Minderwertigkeitsgefühlen leiden.

Die meisten Lösungen für menschliche Probleme sind nicht perfekt. Aber das ist nicht katastrophal. Zu glauben, es sei eine Katastrophe, wenn die richtigen Lösungen nicht gefunden werden, ist ein Hirngespinst – aber eines, das mich in Angst und Schrecken versetzen kann.

Ebenso ernst zu nehmen ist die Tatsache, dass ein zwanghaftes Streben nach Leistung und Erfolg häufig extremen Stress, nervöse Anspannung und die Überschreitung der eigenen körperlichen Grenzen mit sich bringt. Es entstehen psychosomatische Beschwerden aller Art. Meine Angst davor, Risiken einzugehen, Fehler zu machen und bei bestimmten Aufgaben zu versagen, wird immer größer. Und das wiederum hindert mich daran, bestimmte Leistungen zu erbringen, und ich werde wahrscheinlich wenig Erfolg haben. Außerdem: Wenn ich mich bei der Erfüllung einer Aufgabe zu stark mit mir und meiner Angst beschäftige, werde ich niemals Freude oder Genuss hinsichtlich dieser Tätigkeit erfahren."

Stattdessen werde ich mir sagen …

„… dass ich damit aufhören werde, mich als Person insgesamt zu bewerten. Stattdessen bewerte ich lieber mein konkretes Handeln und versuche, das Beste aus der jeweiligen Situation herauszuholen. Aber meine Person als Ganzes lasse ich unangetastet! Ich kann kein schlechter Mensch sein, nur weil mir einmal etwas schlecht gelingt; genauso wie ich kein guter Mensch bin, nur weil ich in bestimmten Situationen Erfolg habe. Ich bin einfach ein Mensch – ein lebendes, atmendes, handelndes Wesen, und ich werde versuchen, mich ohne Bedingungen *zu akzeptieren.*

Anstatt von mir zu verlangen, dass ich immer erfolgreich sein *muss*, werde ich die Forderung in einen Wunsch umformulieren: Ich werde erkennen, dass es schön und vorteilhaft ist, erfolgreich zu handeln, dass ich aber nicht um alles in der Welt erfolgreich sein *muss.*

Ich *muss* nicht für jedes Problem die eine einzig richtige und perfekte Lösung finden, ich werde mich lieber darauf konzentrieren, genau zu überlegen, was ich tun kann. Ich gehe Probleme vernünftig an, indem ich verschiedene Lösungen bedenke und dann diejenige wähle, welche mehr positive als negative Aspekte enthält."

Das Sprichwort „Irren ist menschlich" formuliert eine unabdingbare Voraussetzung für unser Menschsein. Im Zusammenhang mit der Evolution der Arten sprechen Biologen von „Fehlerfreudigkeit“. Ohne Irrtum hätte es keine Entwicklung zum Homo sapiens gegeben. Wir werden uns also auch in Zukunft notwendigerweise irren – was aber kein Grund dafür ist, sich als Person schlecht zu bewerten.

Um unserer eigenen Zufriedenheit willen sollten wir versuchen, unsere Aufgaben mit so viel Freude und so gut wie möglich zu erledigen, anstatt darauf zu bestehen, immer perfekt sein zu müssen. In den meisten Fällen genügt es, das für uns Bestmögliche zu leisten – das muss aber nicht unbedingt das objektiv Beste sein.

Selbstanalyse – Hinterfragen Sie Ihr perfektionistisches Denken

Disputieren Sie nun Ihr eigenes perfektionistisches Denken. Erinnern Sie sich an Gesprächssituationen, in denen solche Gedanken Ihre Ziele sabotierten. Wie können Sie die selbstschädigenden Botschaften umformulieren?

Gesprächssituation	*Selbstschädigende Botschaft*	*Neue Botschaft*
...	...	...

Teil IV
Die Kommunikation mit anderen optimieren

Merkmale und Ursachen schlechter Kommunikation

Immergleiche Konflikte mit dem Partner, Ärger mit dem Chef, Angst vor einer öffentlichen Rede, Unterlegenheitsgefühle in Teamsitzungen oder Missverständnisse unter Freunden – in den meisten Fällen sind es irrationale Botschaften an uns selbst und infolgedessen unangemessene Gefühle, die verantwortlich sind für misslungene Kommunikation. Die ABC-Theorie, die Sie in diesem Buch kennengelernt haben, soll Ihnen in Zukunft helfen, die Ursachen schlechter Kommunikation zu erkennen und Ihr Kommunikationsverhalten zu optimieren. Anhand des folgenden Beispiels möchte ich Ihnen nun einige Merkmale schlechter Kommunikation verdeutlichen:

> Der Vater eines 15-jährigen Gymnasiasten kommt von der Arbeit heim. Als er den Wagen in die Garage fahren will, stellt er fest, dass auf dem Garagenboden etliche abgesägte Holzstücke, offene Lackdosen und angetrocknete Pinsel herumliegen. Kleine Sägemehlhaufen bedecken den Boden.
> Wohl wissend, dass es sich dabei um die Reste der Bastelarbeiten seines Sohnes handelt, steigt der Vater aus und geht ins Haus. Er begibt sich direkt in das Zimmer des Sohnes, den er dort gemütlich auf seinem Bett liegend, Kopfhörer am Ohr, vorfindet. Er sagt:
> „Hey, es sieht ja mal wieder grandios aus in der Garage! Was bist du doch immer für ein Schlamper. Das hält man ja nicht aus. Woher hast du nur dieses asoziale Verhalten?"
> Der Sohn: „Von wem wohl? Jetzt mach mal halblang."
> Vater: „Werd nicht auch noch frech."

Der sich nun entwickelnde Streit lässt sich erahnen. Dabei liegt es eigentlich im Interesse des Vaters, seinen Sohn zu einer Verhaltensänderung zu bewegen und ihn davon zu überzeugen, dass er in Zukunft nach dem Basteln die Garage wieder ordentlich aufgeräumt hinterlässt. Diesem Ziel kommt er mit einem Streit nicht unbedingt näher, ganz im Gegenteil: Er sabotiert es durch schlechte Kommunikation.

Was aber spielt sich nun genau ab und wieso verhält sich der Vater so? Unschwer ist der Gefühlszustand des Vaters zu erahnen. Er ist frustriert und wütend auf seinen Sohn – aber er drückt seinen Gefühlszustand nicht beziehungsweise nur indirekt aus. Dass er frustriert ist, sagt er gar nicht. Seine Wut manifestiert sich indirekt, indem er sich verbal aggressiv äußert. Schon der einleitende Satz ist purer *Sarkasmus*. Dann bezeichnet er den Sohn als Schlamper und wertet ihn in seiner Person pauschal ab. Schließlich enthält seine Standpauke auch eine Übergeneralisierung, wenn er dem Sohn vorwirft, er verhalte sich *immer* schlampig, beziehungsweise eine *Allaussage*, wenn der Vater meint, nicht nur er, sondern man – also jeder Mensch – könne das nicht aushalten.

Sarkasmus, pauschale Abwertung der Person, Übergeneralisierung und Allaussagen sind alles charakteristische Merkmale einer schlechten Kommunikation. Die folgende Auflistung nennt problematische Kommunikationsmuster, die häufig auftreten.

Merkmale schlechter Kommunikation

Aggression/Gegenaggression

Anstatt sich zu bemühen, die Gefühle des anderen zu erkennen und zu beachten, reagieren wir zum Beispiel auf Kritik mit herabsetzender Gegenkritik. Beispiel: „Na klar, dir kann man ja nie etwas recht machen."

Passive Aggression
Anstatt unsere Gefühle zu offenbaren, ziehen wir uns zurück oder schmollen, sagen gar nichts, beenden das Gespräch oder schlagen die Tür zu, wenn wir das Zimmer verlassen. Beispiel: „Jetzt hab ich genug davon gehört. Das reicht jetzt."

Sarkasmus
Unsere Bemerkung transportiert in Wort und/oder Ton beißenden Spott und feindselige Gefühle, ohne dass wir dies offen ausdrücken.

Herabsetzen der Person
Statt einzelne Verhaltensweisen zu kritisieren, werten wir die Person pauschal ab und stempeln sie zum Versager, dem nie etwas gelingen kann. Beispiel: „So etwas Blödes konnte auch nur dir passieren." Oder: „Du kriegst einfach nichts auf die Reihe."

Falsche Anschuldigung
Wir behaupten, dass das Problem ausschließlich durch die andere Person verursacht wurde. Beispiele: „Das wäre nicht passiert, wenn du dich anders verhalten hättest." Oder: „Selber schuld, wenn man so blöd ist."

Rechthaberei und Wahrheitsfetischismus
Ohne Rücksicht auf die Gefühle der anderen Person beharren wir darauf, dass wir recht haben und die andere Person falsch liegt. Es ist uns wichtiger, auf die Wahrheit zu pochen, anstatt eine einvernehmliche Lösung zu finden.

Zum Sündenbock machen

Wir gehen davon aus, dass die andere Person falsch handelt oder etwa ein psychisches Problem hat, während wir meinen, selbst psychisch stabil und zufrieden zu sein. So schreiben wir den Konflikt allein der anderen Person zu.

Verniedlichen

Wir nehmen das Problem nicht ernst. Beispiel: „Wegen so einer Lappalie braucht man sich doch nicht gleich aufzuregen."

Eine schnelle Lösung präsentieren

Anstatt sich auf das Problem und die Gefühle der anderen Person einzulassen, präsentieren wir eine schnelle Lösung. Beispiel: „Weißt du, da muss man einfach durch, dann geht das schon wieder."

Leugnen

Dieses extrem häufige Kommunikationsmuster besteht darin, dass wir nicht zugeben, wütend oder gekränkt zu sein, dass wir uns traurig fühlen oder Angst haben. Beispiel: „Nein, ich hab nichts ..."

Zweideutige Botschaften

Zwischen dem, was wir sagen (verbaler Teil der Botschaft), und dem, wie wir es sagen (nonverbaler Teil der Botschaft), besteht eine Diskrepanz beziehungsweise Botschaften sind in sich widersprüchlich. Beispiel: Wir streiten ab, zornig zu sein, sprechen aber in einem kalten und distanzierten Ton.

Die Opferrolle übernehmen

Wir sehen uns bewusst oder unbewusst in der Rolle des unschuldigen Opfers und wehren so berechtigte Kritik an unserem Verhalten ab.

Resignation und Hoffnungslosigkeit
Wir haben keine Hoffnung, mit unseren Kommunikationsbeiträgen im Gespräch mit anderen etwas beeinflussen zu können, und resignieren.

Verteidigungshaltung
Es ist uns nicht möglich, zuzugeben, einen Fehler gemacht zu haben oder einzugestehen, dass wir nicht perfekt sind.

Selbstbezichtigung
Anstatt uns mit der Lösung eines Problems zu beschäftigen, versuchen wir zu ergründen, wieso wir versagt haben, wer daran schuld ist und wie wir unser Leben als ein solcher Versager überhaupt noch fortführen können.

Alte Hüte hervorzaubern
Statt beim aktuellen Thema zu bleiben, erinnern wir an früher erlittene Ungerechtigkeiten und machen diese zum Gesprächsgegenstand.

Gedankenlesen fordern
Statt klar und deutlich unsere Wünsche zu formulieren, fordern wir, dass die andere Person von selbst erkennt, was wir gerne hätten.

Hilfe fordern / Abhängigkeit
Wir fordern Schutz und Hilfe von der jeweils anderen Person, weil wir sie als stark empfinden. So verführen wir den anderen, als unser ständiger Helfer und Beschützer aufzutreten. Beispiel: „Du bist doch so fit darin – kannst du das nicht machen? Ich schaffe das nicht.“

Offene irrationale Kommunikation
Gespräche scheitern nicht selten, weil wir die bereits erwähnten irrationalen Botschaften an uns selbst nun auch offen an unser Gegenüber richten. Zum Beispiel, indem wir Allaussagen treffen („So machst du das *immer*", „Mit dir kann man *nie* richtig reden") oder unlogische Schlussfolgerungen ziehen („Wenn du mir so oft widersprichst, kannst du mich gar nicht lieben").

Kommunikationstraining – Kommunikationsmuster erkennen I

Lesen Sie bitte noch einmal den kurzen Abschnitt *Artur und sein neuer Chef* (Seite 25 ff.). Wir hatten das kommunikative Verhalten Arturs analysiert und unter anderem bereits festgestellt, dass er mit diesem kommunikativen Verhalten seine Ziele selbst sabotiert. Jetzt können Sie einen Schritt weiter gehen.

Versuchen Sie anhand der Liste oben herauszufinden, welche Kommunikationsmuster bei Artur vorherrschen:

....

....

....

....

Auflösung
Artur vermeidet es, seinen Ärger offen zu zeigen, er zieht sich zurück, schmollt, meidet den Kontakt und spricht kaum mit seinem neuen Chef – so bringt er *passiv* seine *Aggression* zum Ausdruck, *leugnet* aber seine wahren Empfindungen.

Zwar können wir nicht hören und sehen, wie sich Artur schließlich im Gespräch gegenüber seinem Chef äußert (Tonfall, Mimik etc.), aber aus seiner Bemerkung lässt sich unschwer auch *Sarkasmus* herauslesen.

Die Ursachen schlechter Kommunikation

Nachdem wir in einem ersten Schritt Arturs selbstschädigendes Kommunikationsmuster identifiziert haben, wollen wir in einem zweiten Schritt die Gründe dafür analysieren. Dabei hilft uns die ABC-Analyse – hier noch einmal zur Erinnerung: In einer Gesprächssituation (A) richten wir zuerst eine bestimmte Botschaft an uns selbst (B), daraus resultieren dann entsprechende Gefühle (eC, emotionale Consequenz), die wiederum eine bestimmte Verhaltenskonsequenz (bC, behavoriale Consequenz) in der jeweiligen Gesprächssituation auslösen.[26]

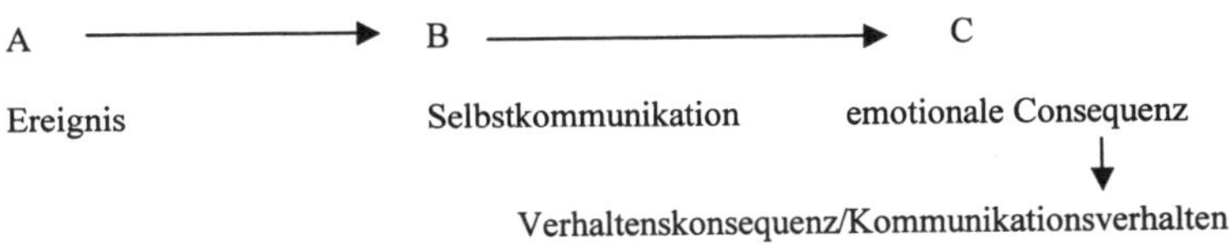

Behalten Sie die ABC-Theorie im Hinterkopf und lesen Sie nun einen Ausschnitt aus meinem Coachinggespräch mit Artur. Zuvor hatten wir bereits geklärt, dass sein Kommunikationsverhalten gegenüber seinem Chef nicht zielführend sei. Dem hatte Artur zugestimmt. Ich fragte ihn sodann:

> Coach: „Haben Sie eigentlich eine Erklärung dafür, dass Sie so gar keinen Versuch unternommen haben, gegen die neue

26 Aus Gründen der Anschaulichkeit wurde in der Abbildung das ABC-Modell vereinfacht dargestellt. In der Rational-Emotiven Verhaltenstherapie (REVT) werden hinsichtlich des Zusammenwirkens von A, B und C auch interaktive Rückkopplungsprozesse berücksichtigt.

Kompetenzverteilung durch den Geschäftsführer etwas zu unternehmen? Sie waren doch ziemlich verärgert darüber, wie Sie mir sagten."

Artur: „Allerdings war ich verärgert! Aber mir war klar, dass die Erfolgsaussichten, ihn umzustimmen, praktisch gleich Null waren."

Coach: „Wie konnten Sie so sicher sein?"

Artur: „Ich glaube, dass ich ihn ziemlich gut eingeschätzt habe."

Coach: „Ich verstehe. Sehen Sie das auch jetzt noch so?"

Artur: „Ich glaube schon. Da war nichts zu machen."

Coach: „Aber ihr Verhalten in der Folgezeit war sehr defensiv. Sie waren wütend, aber haben es nicht gezeigt. Wäre es für Ihre Ziele nicht nützlicher gewesen, weiterhin Einfluss zu behalten, im Gespräch zu bleiben, auch wenn Sie nun glauben, dass das an der Entscheidung bezüglich der Kompetenzverteilung nichts mehr geändert hätte?"

Artur: „Das stimmt. Ich war mir auch schon in der Situation bewusst, dass mein Rückzug mir letztlich nicht weiterhelfen würde. Aber ich konnte mich irgendwie nicht anders verhalten ..."

Coach: „Wenn wir etwas vermeiden – so wie Sie den Kontakt und das Gespräch mit Ihrem Chef vermieden haben – dann sind meist bestimmte Emotionen dafür verantwortlich. Was für ein Gefühl hat Ihr Vermeidungsverhalten bewirkt? Können Sie sich erinnern?"

Artur: „Na, ich war stinksauer ..."

Coach: „Aber üblicherweise bewirkt Wut eher aggressives Verhalten, und ein solches ist nicht durch Rückzug und Vermeiden gekennzeichnet. Waren Sie wirklich nur wütend?"

Artur: „Manchmal war wohl auch eine gewisse Angst mit im Spiel."

Coach: „Vor dem Chef?"
Artur: „Nein, eigentlich nicht vor dem Chef. Den habe ich eher als Weichei angesehen …"
Coach: „Wovor also? Was haben Sie befürchtet?"
Artur: „Dass ich die Kontrolle über mich verlieren könnte. Denn wenn ich ihn irgendwie auf die Situation angesprochen hätte und er hätte nicht mit sich reden lassen oder wäre mir irgendwie dumm gekommen – ich weiß nicht, was ich dann getan hätte."
Coach: „Sie hatten also Angst vor sich selbst, dass Ihre Wut sich irgendwann Bahn bräche und Sie dann nicht mehr die Kontrolle darüber hätten."
Artur: „Ja, ich denke, so war es. Und je länger es dauerte, desto mehr befürchtete ich, dass ich meine Wut nicht mehr würde zügeln können. Was ja dann auch der Fall war, als ihm die Sache in die Hose ging und er angekrochen kam …"
Coach: „Was haben Sie denn zu sich gesagt, welche Botschaft an sich selbst hat Ihre Angst vor einem Kontrollverlust ausgelöst?"
Artur: „Etwa: ‚Du lieber Himmel, wenn er auch noch sieht, dass ich wütend bin, den Triumph darf ich ihm nicht gönnen.'"
Coach: „Weil?"
Artur: „Dann hätte ich erst recht als Verlierer dagestanden, als Versager."
Coach: „‚Wenn ich verliere, wenn ich versage, dann bin *ich ein Verlierer*, ein Versager? Das *darf nicht* passieren.' In etwa so?"
Artur: „Ja. Deswegen habe ich mich zurückgehalten, damit er nicht sieht, wie wütend ich bin."
Coach: „Aber die Wut nahm nicht ab …"
Artur: „Im Gegenteil. Sie staute sich immer mehr an, bis es dann doch noch passierte."

Bei genauer Analyse von Arturs Verhalten werden zwei ABCs sichtbar – ein Vermeidungs- und ein Wut-ABC. Beide werden im Folgenden erläutert:

ABC-Analyse: Angst und Vermeidungsverhalten

Aktivierendes Ereignis: Das Aktivierende Ereignis ist in diesem Fall nur ein angenommenes, das in der Zukunft liegt: „Wenn ich offen zeigen *würde*, dass ich verärgert bin, beziehungsweise wenn mein Chef merken *würde*, dass ich wütend bin …"

Botschaft an sich selbst: „Ich darf nicht als Verlierer dastehen, denn das würde beweisen, dass ich ein Versager bin. Das darf nicht passieren. Das wäre schrecklich."

eC – Gefühlskonsequenz: Artur hat Angst vor den Folgen, die es haben könnte, wenn sein Chef erfahren würde, wie verärgert er ist.

bC – Verhaltenskonsequenz: Daraus resultieren Arturs passive Aggression und das Leugnen seiner wahren Gefühle – beides Kommunikationsstile, die für die Erreichung der eigenen Ziele nicht förderlich sind.

ABC-Analyse: Wut

Aktivierendes Ereignis: Arturs Chef bittet ihn um ein Gespräch zwecks Schadensbegrenzung.

Botschaft an sich selbst: „Er besitzt doch tatsächlich die Frechheit, mich jetzt um Hilfe zu bitten, nachdem er mir zuerst meine Kompetenzen wegnimmt und dann die Arbeit nicht mal richtig durchführen kann. Mir wäre dieser Anfängerfehler nicht passiert. Jetzt reicht es! So darf er mir nicht kommen! So ein Mistkerl! Das halte ich nicht aus."

eC – Gefühlskonsequenz: Artur entwickelt eine Stinkwut gegenüber seinem Chef.

bC – Verhaltenskonsequenz: Das Kommunikationsmuster, das aus Arturs Ärger resultiert, ist Sarkasmus.

Kommunikation zwischen Vater und Sohn

Der 22-jährige Johannes studiert in Genf Jura. Sein Vater, Dr. Bauer, ist ein erfolgreicher Rechtsanwalt. Als sich Johannes während seiner Gymnasialzeit einen Job sucht, um sein Taschengeld aufzubessern, bietet ihm der Vater an, in der Kanzlei mitzuhelfen. Er entlohnt ihn großzügig in der Hoffnung, bei seinem Sohn Interesse für den Beruf des Anwalts zu wecken.

Tatsächlich werden sich Vater und Sohn in der Folgezeit einig, und so beginnt Johannes sein Studium. Er bemerkt jedoch sehr bald, dass seine Interessen eigentlich auf ganz anderen Gebieten liegen. So fühlt er sich zunehmend unwohl und klagt dem Vater in einem Telefongespräch, er fühle sich depressiv und leer. Er sehe gar keinen Sinn mehr in allem. Schließlich macht er sogar Andeutungen, dass er gar keine Freude mehr am Leben habe.

Der Vater gerät in Angst und Panik. Er versucht ihn wie folgt davon zu überzeugen, dass seine Probleme nicht schlimm seien: Er sei doch ein intelligenter und gut aussehender junger Mann, der sein Studium bestimmt meistern werde, ebenso solle er daran denken, dass das Studentendasein auch seine guten Seiten habe. Jeder habe mal einen Durchhänger. Den könne man aber überwinden. Das Leben bestehe eben nicht nur aus lauter Hobbys. Er solle sich mal umschauen nach einer Freundin, dann würde die Welt gleich ganz anders erscheinen. Gerne erhöhe er auch die monatlichen Zuwendungen, damit es dem Sohn möglich sei, seine Freizeit angenehm zu gestalten.

Würden Sie die Bemerkungen von Dr. Bauer als gute oder schlechte Kommunikation ansehen? Nehmen Sie die Liste mit den Merkmalen schlechter Kommunikation (Seite 148 ff.) zur Hilfe und versuchen Sie, darauf eine Antwort zu geben. Bitte lesen Sie erst danach weiter.

....

....

....

....

Auflösung
Dr. Bauer drückt weder seine Gefühle aus, noch lässt er erkennen, dass er die Gefühlslage seines Sohnes verstanden hat. Zwar sorgt er sich um den Sohn, drückt seine Sorge aber mit keinem Wort aus. Stattdessen versucht er, Johannes' Problem *kleinzureden*. Es lasse sich leicht lösen mit einer Freundin und mehr Geld. Johannes sagt im Grunde genommen: „Mein Leben – so wie es zur Zeit läuft – ist nicht okay." Der Vater antwortet: „Doch. Das ist alles normal und zu bewältigen."

Dr. Bauer, in ehrlicher Sorge um seinen Sohn, will ihm *möglichst schnell* über seinen depressiven Gefühlszustand *hinweghelfen*. Er versucht, ihm das Leben schmackhaft zu machen und ihm die eigene Sicht zu vermitteln, ohne auf die eigentliche Problematik einzugehen. Er präsentiert eine *schnelle Lösung* und stellt die eigene Wahrheit über die Sichtweise seines Sohnes. Außerdem redet er die Gefühle seines Sohnes klein und *zeigt* seine *eigene Betroffenheit nicht*.

Und wie sieht das dazugehörige ABC aus? Die Konsequenzen (C) kennen wir ja bereits:

eC – Gefühlskonsequenz: Vater empfindet Angst und Panik.

Das führt zu:

bC – Verhaltenskonsequenz: Vater präsentiert eine schnelle Lösung, fühlt sich nicht in den Sohn ein, redet dessen Gefühle klein und versteckt seine eigene Angst.

Die dazugehörende Botschaft, die der Vater an sich selbst richtet, lautet:

B „Um Gottes Willen, der Junge wird sich doch nichts antun? Das wäre ja schrecklich. Das muss ich verhindern. Da muss schnell etwas getan werden. Da darf ich nicht auch noch meine Ängste zeigen, sonst bestärke ich ihn in seinem Glauben, wie schrecklich es um ihn steht! Am besten, ich überzeuge ihn davon, dass er die Dinge so sieht, wie ich sie sehe: ohne große Bedeutung. Dann wird er sich gleich wieder besser fühlen."

Der Vater spielt die Bedeutung der Probleme für seinen Sohn herunter und rührt weder an seine eigenen Gefühle der Angst noch an die Gefühle des Sohnes. Der Sohn wird sich wahrscheinlich vom Vater unverstanden fühlen und ihn seinerseits nicht verstehen. Damit hat Dr. Bauer sein Kommunikationsziel gründlich verfehlt.

Selbstanalyse – Welche Kommunikationsmuster verwende ich selbst?

Beobachten Sie sich in den kommenden drei Tagen einmal selbst. Fragen Sie sich, ob Sie ähnliche schlechte Kommunikationsmuster im Gespräch mit anderen einsetzen. Notieren Sie sich – wenn möglich – Situation und Kommunikationsmuster in Stichpunkten. Nehmen Sie sich dann jeweils am Abend ein paar Minuten Zeit, überlegen Sie, welche Gedanken und Botschaften an sich selbst die Ursache sein könnten, skizzieren Sie das jeweilige ABC in Ihr Arbeitsheft.

Drei Arten, Kritik zu äußern

Das nächste Beispiel handelt von einer typischen Situation am Arbeitsplatz:

Der für den Verkauf zuständige Abteilungsleiter eines Unternehmens plant, neue Märkte zu erschließen. Er beauftragt einen Mitarbeiter, in den nächsten Wochen kontinuierlich Informationen über verschiedene Märkte, Zielgruppen, Umsatzzahlen und länderspezifische Marketingstrategien zusammenzutragen. Der Mitarbeiter legt daraufhin unvollständiges und schlecht aufbereitetes Material vor. Wie reagiert der Verkaufsleiter?

Gesprächsvariante 1

Der Verkaufsleiter ärgert sich zwar, nimmt das Material aber zunächst entgegen, ohne den Mitarbeiter auf die Mängel der Unterlagen anzusprechen. Erst als nach einigen Tagen keine Besserung erkennbar ist, bittet er um eine Unterredung: „Herr Schneider? Hätten Sie einen Moment Zeit für mich? Ja, also ... ich will Sie jetzt nicht kritisieren, aber, äh, so wie Sie das zusammengestellt haben, nun ja, das ist ein bisschen wenig, finden Sie nicht auch? Es wäre ganz hilfreich, wenn die Informationen etwas detaillierter wären ..."

Der Mitarbeiter geht nun davon aus, dass seine Arbeit im Grunde genommen ganz in Ordnung ist und noch ein bisschen ergänzt werden muss. Er antwortet: „Ja, ich bin zur Zeit etwas unter Druck. Nächste Woche kann ich mich dann besser darum kümmern, okay?" Der Verkaufsleiter: „Schön. Und vielleicht geht es doch noch schneller, damit wir vorankommen."

Anschließend ist der Verkaufsleiter sehr unzufrieden mit sich. Seine Arbeit verzögert und erschwert sich. Er zweifelt an seinen Fähigkeiten als Vorgesetzter, da er das Gefühl hat, sich schwach gezeigt zu haben. Er bedauert sein Los, es mit so „unfähigen Mitarbeitern“ zu tun zu haben, und entwickelt feindselige Gedanken gegenüber dem Mitarbeiter, der ihn seiner Meinung nach ausnutzt.

Gesprächsvariante 2

Nachdem der Verkaufsleiter die Mängel am ersten Tag noch nicht angesprochen hat, greift er am zweiten Tag zum Telefon und wählt die Nummer des Mitarbeiters: „Schneider, schön, dass Sie sich noch ein wenig Arbeitsmotivation erhalten haben und wenigstens ans Telefon gehen! Aber was Sie mir hier seit gestern auf den Schreibtisch legen, ist unter aller Kritik! Das ist sowas von dürftig. Das kann nicht Ihr Ernst sein. Wollen Sie mich veräppeln?“
Statt konstruktive Kritik zu äußern, bleibt der Verkaufsleiter ziemlich vage. Er beginnt mit einer höhnischen Bemerkung, ohne dass der Mitarbeiter zu diesem Zeitpunkt weiß, worum es geht, und beendet das Gespräch, indem er dem Mitarbeiter die Ernsthaftigkeit seiner Bemühungen abspricht. Da nicht geklärt wurde, was genau der Verkaufsleiter in den Unterlagen vermisst, wäre eine Nachfrage des Mitarbeiters nötig. Die aber wird er entweder aus Verärgerung oder aus Angst wahrscheinlich zunächst vermeiden. Somit ist ein neuer Konflikt vorprogrammiert; und wahrscheinlich ist das Verhältnis beider auf Dauer gestört und keine gute Zusammenarbeit mehr möglich.

Gesprächsvariante 3

Als der Verkaufsleiter die ersten Unterlagen auf seinem Schreibtisch vorfindet und feststellt, dass diese seinen Ansprüchen nicht genügen, bittet er den Mitarbeiter zu sich. Er sagt: „Herr Schneider, ich habe Sie zu mir gebeten, damit wir noch einmal besprechen, nach welchen Gesichtspunkten Sie die Unterlagen zusammenstellen sollten. Mir kommt es darauf an, dass Sie vor allem auf Vollständigkeit achten. Hier fehlen zum Beispiel gerade die beiden umsatzschwachen Jahre, nach denen wir die neue Werbeagentur beauftragt haben. Sie aber haben mir Unterlagen der alten, wenig erfolgreichen Agentur beigelegt. Wir wollen doch alte Fehler in den neuen Ländern vermeiden. Ist Ihnen klar, was ich meine?"

Danach entwickelt sich ein konstruktives, sachbezogenes Gespräch.

Der selbstunsichere Kommunikationsstil

Das Kommunikationsverhalten (bC) des Verkaufsleiters in der ersten Gesprächsvariante ist durch Unsicherheit geprägt. Der Verkaufsleiter *leugnet* das Problem und gibt tagelang nicht zu erkennen, dass er mit den Unterlagen höchst unzufrieden ist und sich darüber ärgert. Auch Schweigen ist in diesem Fall eine Form von Kommunikation (wir können nicht *nicht* kommuniziern!). Als er sich endlich an seinen Mitarbeiter wendet, bleibt er in seiner Aussage sehr *zweideutig*. Er will Kritik üben, verneint dies aber gleichzeitig ausdrücklich: „Ich will Sie nicht kritisieren." Keineswegs zufrieden mit der Reaktion des Mitarbeiters quittiert er sie mit „Schön."

Dennoch verlangt er, dass sein Mitarbeiter ihn versteht, seine *Gedanken* – die er nicht explizit äußert – *errät* und sein Arbeitsverhalten entsprechend ändert.

Diesem selbstunsicheren Kommunikationsstil liegen unangemessene Gefühle (eC) zugrunde. In diesem Fall: Angst vor Ablehnung. Und diese Angst wird hervorgerufen durch die irrationale Botschaft:

B „Weil ich mir Anerkennung und Wertschätzung anderer Menschen so sehr wünsche, sollte und muss ich bekommen, was ich mir wünsche. Es ist schrecklich, wenn ich nicht anerkannt und geschätzt werde. Dann muss ich mich als wertlos ansehen."

Solange es dem Verkaufsleiter nicht gelingt, diese Botschaft zu ändern, wird er weiterhin Probleme haben, konstruktive Kritik zu üben.

Kommunikationstraining – Stellen Sie drei wichtige Fragen!

Übernehmen Sie die Rolle des Verkaufsleiters. Wie können Sie Ihren inneren Dialog/Ihre Botschaft an sich selbst ändern? Bitte beantworten Sie die folgenden drei Fragen zunächst selbst und lesen Sie erst im Anschluss weiter:

Hilft mir meine Betrachtungsweise, meine Ziele zu erreichen? Wenn nein, warum nicht?

. . . .

. . . .

. . . .

. . . .

Ist meine Botschaft logisch?

....
....
....
....

Ist meine Botschaft realistisch?

....
....
....
....

Auflösung
Hilft mir meine Betrachtungsweise, meine Ziele zu erreichen?

> „Natürlich nicht! Wenn ich nicht klar und deutlich formuliere, was mir an der Arbeit des Mitarbeiters nicht gefällt, werde ich kein gewünschtes Arbeitsergebnis erhalten. Zudem gefährde ich die zukünftige Zusammenarbeit, weil dieser und wahrscheinlich auch andere Mitarbeiter meine Aufträge nicht mehr ernst nehmen – da sie von meiner Seite nicht mit Widerspruch rechnen."

Ist meine Botschaft logisch?

> „Natürlich möchte ich, dass mich meine Mitarbeiter respektieren. Möglicherweise sind manche Mitarbeiter verärgert, wenn sie von mir kritisiert werden. Das wäre sicherlich nicht wünschenswert. Aber es ist nicht logisch, daraus zu schließen, dass ich deshalb auf konstruktive Kritik verzich-

ten muss. Wenn mich manche Mitarbeiter nicht schätzen, weil ich Kritik übe, bedeutet das nicht, dass deswegen die Welt untergeht."

Ist meine Botschaft realistisch?

„Nirgendwo steht geschrieben, dass ich keine Kritik üben darf, weil mir das ansonsten jemand übel nehmen könnte. In Wirklichkeit ist es sogar meine Pflicht als Abteilungsleiter. Es ist aber auf der anderen Seite vollkommen unrealistisch, zu glauben, ich würde immer und bei jeder Person, die ich kritisiere, auf Wohlwollen stoßen. Denn wenn ich so denke, verkenne ich, dass es viele Personen gibt, die Kritik schlecht vertragen, weil sie sie persönlich nehmen.
Es ist unmöglich, allen Menschen immer und überall zu gefallen, ohne sich selbst beziehungsweise seine Ansichten dabei aufzugeben. Und sollte ich wirklich einmal jemanden unfair kritisiert haben und diese Person mir das daher zu Recht übel nehmen – sterbe ich davon? Nein, ich kann mich entschuldigen, mich korrigieren, das Verhältnis zum gekränkten Mitarbeiter wieder in Ordnung bringen. Oder muss ich mich deshalb als schlechten Menschen ansehen, weil ich jemanden unfair kritisiert habe? Macht mich schlechtes Verhalten in einem konkreten Fall zu einem schlechten Menschen? Es ist unsinnig, eine Person pauschal zu bewerten."

Der aggressive Kommunikationsstil

Das Kommunikationsverhalten (bC) des Verkaufsleiters im zweiten Fall ist vor allem aggressiv. Seine Äußerungen sind *sarkastisch*, er äußert sich *verächtlich* über seinen Gesprächspartner und verlangt zudem – ohne konkret zu werden –, dass sein Gegenüber seine *Gedanken liest* und errät, wieso er so verärgert ist.

Dieses Verhalten resultiert aus feindseligen Gefühlen (eC). Der Verkaufsleiter ist wütend und sehr verärgert über den Mitarbeiter. Doch welche Botschaft führt dazu?

Das Selbstgespräch des Verkaufsleiters sieht in etwa wie folgt aus:

B „Meine Mitarbeiter müssen tun, was ich will. Meine Autorität muss gewahrt bleiben. Wenn sich ein Mitarbeiter nicht dementsprechend verhält, ist es schrecklich und nicht auszuhalten. Weil ich dieses Verhalten verurteile, verurteile ich auch die Person. Für dieses schlechte Verhalten muss der Mitarbeiter bestraft werden."

Die Ansicht, schlechtes Verhalten müsse bestraft werden, ist übrigens weit verbreitet, und nicht selten verurteilen wir auch unser eigenes Verhalten und bestrafen uns entsprechend dafür[27]. Die Folge sind sowohl Schuld- und/oder Minderwertigkeitsgefühle als auch starker Ärger über uns selbst.

Hilft mir meine Betrachtungsweise, meine Ziele zu erreichen? Ist meine Botschaft logisch? Ist sie realistisch?

> „Feindselige Gefühle anderen gegenüber können Fehler sicherlich nicht mehr korrigieren – sie sind ja bereits geschehen. Und Menschen zu verurteilen, trägt nicht dazu bei, dass diese Menschen lernen, in Zukunft ähnliche Fehler zu vermeiden!
> Wir sind alle nur sterbliche menschliche Wesen und nicht perfekt. Wir machen von Natur aus Fehler. Also wird jeder

27 Vgl. hierzu auch Anhang, Botschaft Nr. 3 (Seite 231 ff.).

Mensch, den ich kenne, unweigerlich Fehler machen beziehungsweise auch einmal falsch handeln. Wenn ich nun fordere, dass die Menschen für ihre falschen Handlungen bestraft werden müssen, dann werde ich ständig Ärger und Wut über andere verspüren. Damit komme ich meinen Zielen aber nicht näher."

Das werde ich nicht mehr zu mir sagen, weil ...

... es häufig an der Unwissenheit der Menschen liegt, dass sie schlecht oder unmoralisch handeln. Oder sie können einfach nicht aus ihrer Haut. Es ist also unlogisch, wenn ich sage: Sie haben sich schlecht verhalten und sind daher insgesamt schlechte Menschen, die es verdienen, streng bestraft zu werden.
Es ist viel sinnvoller zu sagen: Sie haben sich schlecht verhalten, ich werde daher mein Bestes tun, um sie zu veranlassen, nicht wieder so zu handeln.

Wenn es dem Verkaufsleiter gelingt, diese Botschaft an sich selbst zu formulieren, dann resultiert daraus mit größter Wahrscheinlichkeit ein zielführendes Verhalten, wie es im letzten Fallbeispiel beschrieben wird:

Die selbstsicher geübte Kritik

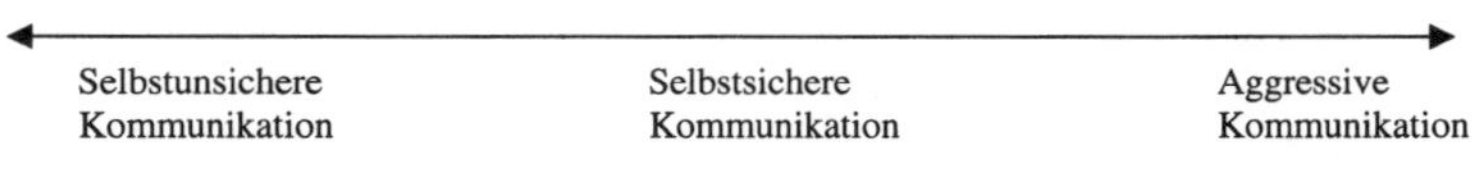

Kommunikatives Verhalten kann in zwei Richtungen von selbstsicherer Kommunikation abweichen; die Folge sind auf der einen Seite aggressives und auf der anderen selbstunsicheres Verhalten.

Kennzeichnend für selbstsichere Kommunikation ist vor allem, dass man seine Meinungen, Gedanken, Bedürfnisse, Wünsche und Gefühle mitteilt – und zwar auf ehrliche, direkte und angemessene Art und Weise:

„Das sind meine Gefühle …“
„Das sind meine Gedanken …“
„Das sind meine Wünsche …“
„So sehe ich die Situation …“

Schauen Sie sich in diesem Zusammenhang noch einmal an, wie der Verkaufsleiter seine Wünsche in der dritten Gesprächsvariante äußert („Mir kommt es darauf an ...“). Er bezieht sogar seinen Gesprächspartner mit ein und formuliert gemeinsame Wünsche („Wir wollen doch ...“).

Menschen, die selbstunsicher kommunizieren, verzichten hingegen darauf, Gefühle, Gedanken und Meinungen mitzuteilen, geben sie nur kleinlaut und schüchtern preis oder rechtfertigen sich sogar noch dafür:

„Meine Gefühle zählen nicht …“
„Meine Sicht ist unwichtig …“
„Ich bin nicht so wichtig, du brauchst keine Rücksicht zu nehmen, sondern kannst auf deinen Vorteil achten …“
„Du bist wichtiger als ich …“

Ziel einer solch selbstunsicheren Kommunikation ist es, Konflikte zu vermeiden. Der Preis dafür ist allerdings hoch: Die eigenen Bedürfnisse werden aufgegeben.

Aggressive Kommunikation hat mit selbstsicherer Kommunikation zunächst ein ähnliches Ziel gemeinsam: Gefühle, Meinungen, Bedürfnisse und Wünsche werden offen mitgeteilt. Allerdings geschieht dies oftmals in verletzender, kränkender Form, und die Gefühle und Meinungen des Kommunikationspartners werden grundsätzlich missachtet:

„Meine Sichtweise ist die einzig richtige. Wer eine andere Meinung vertritt, ist dumm …“
„Das will ich. Was du möchtest, spielt keine Rolle …“
„Deine Gefühle zählen nicht …“

Im Vordergrund aggressiver Kommunikation steht das Ziel, den anderen zu beherrschen und selbst immer der Sieger zu sein.

Kommunikationstraining – Unterscheiden Sie aggressive, selbstunsichere und selbstsichere Kommunikation

Das Praktikum
Im Rahmen eines Praktikums wird Max Müller von seinem Chef mit vielen schwierigen und sehr arbeitsintensiven Aufträgen konfrontiert. Daraufhin wendet er sich an seinen Chef:

1. „Herr Schneider, das ist doch wohl nicht Ihr Ernst! Sie haben Nerven! Sie sind zwar mein Vorgesetzter und können bestimmen, was zu tun ist, aber so was muss ich nicht übernehmen. Sie glauben wohl, Sie können uns Praktikanten alles aufhalsen, was Ihnen beliebt. Also nein, damit ist jetzt Schluss.“
2. „Herr Schneider, diese Aufträge sind für einen Praktikanten nicht angemessen. Ich müsste viele Überstunden ma-

chen, das wäre im Rahmen eines Praktikums nicht zumutbar. Können wir uns darauf einigen, dass ich nur einen Teil davon übernehme?"

3. „Also gut, Herr Schneider. Ich übernehme das. Wahrscheinlich haben Sie einen guten Grund dafür, dass ich diese Arbeit machen soll ... auch wenn sie für einen Praktikanten eigentlich eine Überforderung darstellt. Vermutlich kann ich Sie auch gar nicht umstimmen, nicht wahr? Oder?"

Wann handelt es sich um aggressives, selbstunsicheres oder selbstsicheres Kommunikationsverhalten? Versuchen Sie, Ihre Entscheidung auch zu begründen:

1. ....

2. ....

3. ....

Auflösung

Die erste Antwort ist aggressiv, schon der einleitende Satz wertet den Gesprächspartner ab. Bei der zweiten Antwort handelt es sich um eine selbstsichere Kommunikation – sie ist sachlich begründet, direkt und ehrlich. Im dritten Fall antwortet der Praktikant selbstunsicher und konfliktvermeidend. Die eigenen Bedürfnisse stellt er hintenan, nur leise äußert er seine Bedenken.

Weitere Beispiele

Beurteilen Sie auch bei folgenden Äußerungen, ob es sich um aggressive, selbstsichere oder selbstunsichere handelt. Tragen Sie in der rechten Spalte ein:

+	=	selbstsicher
-	=	aggressiv
U	=	selbstunsicher

Situation	*Äußerung*	+/-/U
1. Sie werden gefragt, ob Sie ein Ehrenamt in Ihrem Sportverein übernehmen können.	„Tut mir leid. Ich stehe nicht zur Verfügung."	
2. Sie telefonieren mit Ihrer verheirateten Tochter und möchten ihr sagen, dass Sie gerne einmal wieder von ihr und ihrer Familie Besuch bekämen.	„Heute Nacht hatte ich einen schönen Traum. Ihr habt mich alle mal wieder besucht."	
3. Ihre Frau schweigt auf Ihre Frage, was ihr denn durch den Kopf geht.	„Immer das Gleiche mit dir! Jetzt schweigst du dich wieder aus und lässt mich deine Gedanken erraten. Kannst du dich nicht wie eine erwachsene Frau benehmen?"	
4. In der Wohnung über Ihnen läuft der Fernseher laut und stört Sie. Sie rufen an …	„Hallo, ich wohne unter Ihnen. Ihr Fernseher ist sehr laut und stört mich. Würden Sie bitte den Ton leiser stellen?"	
5. Sie möchten eine Gehaltserhöhung und sprechen Ihren Chef an …	„Äh, also, was meinen Sie, ich wollte mal fragen, ob Sie eine Möglichkeit sehen, dass ich vielleicht eine Gehaltserhöhung bekomme."	

6. Einer Ihrer Mitarbeiter macht viele Fehler.	„Sie sind ein fauler und nachlässiger Kerl.“	
7. In einer Diskussion sagt jemand zu Ihnen: „Mein Gott, was wollt ihr Öko-müslis eigentlich noch alles? Zurück ins Mittelalter?“ Sie sagen …	„Nein, nur vernünftige Maßnahmen gegen Umwelt-verschmutzung und Klima-erwärmung.“	
8. Sie telefonieren bereits eine Weile mit einer Freundin. Sie möchten das Gespräch beenden und sagen …	„Mensch, tut mir leid. Meine Suppe steht auf dem Herd und brennt an. Ich muss Schluss machen. Hoffentlich stört es dich nicht.“	
9. In einer Diskussion werden Sie sehr häufig von einer Person unterbrochen, während Sie sprechen. Sie sagen …	„Bitte, ich würde gerne ausreden.“	
10. Ein Freund möchte sich Ihr neues Auto ausleihen. Sie sagen …	„Mein neues Auto? Hm … na ja, daran soll unsere Freundschaft keinen Schaden nehmen. Okay, ich leihe dir den Wagen. Aber du musst wissen, dass der Motor seit heute seltsame Geräusche von sich gibt.“	
11. Sie rügen Ihre Kinder, dass diese das Kinderzimmer nicht aufgeräumt haben. Sie sagen …	„Ihr seid echt unmögliche Kinder! Wenn ich geahnt hätte, dass meine Kinder so werden, hätte ich mir dreimal überlegt, ob ich welche haben will!“	

12. Sie haben sich mit einem Freund fest für eine sonntägliche Fahrradtour verabredet. Kurz vor dem verabredeten Zeitpunkt ruft er an und teilt Ihnen mit, dass er andere Pläne für den Sonntag hat. Sie antworten …	„Mann, das ist aber jetzt eine Überraschung! Ich rufe dich in zehn Minuten zurück – das muss ich erstmal verdauen.“	
13. Ihr Nachbar leiht sich seit vier Wochen jeden Samstag Ihren Rasenmäher. Als er Sie erneut bittet, sagen Sie …	„Also wissen Sie, sind Sie verarmt oder was ist los? Ich bin doch nicht von der Caritas.“	
14. Sie telefonieren mit Ihrem verheirateten Sohn und möchten ihn für Sonntag zum Mittagesssen einladen. Er lehnt höflich ab, da er schon anderweitige Pläne habe.	„Also du bist ja nie für einen da, wenn man dich mal braucht! Du denkst immer nur an dich!“	
15. Sie stehen in der Schlange an der Supermarktkasse. Ein anderer Kunde kommt zu Ihnen mit nur einem Artikel in der Hand und fragt Sie, ob Sie ihn vorlassen könnten. Sie antworten …	„Ich verstehe, dass Sie sich nicht anstellen und warten wollen. Aber ich war vor Ihnen dran und möchte ebenfalls gerne schnell gehen können.“	
16. Ein Blinder nähert sich und bittet Sie, ihm etwas abzukaufen. Sie antworten …	„Lassen Sie mich in Ruhe. Leute wie Sie meinen, nur weil sie behindert sind, muss man ihnen gleich alles abkaufen.“	
17. Ein Mann möchte sich mit Ihnen verabreden. Sie sind bereits einmal mit ihm ausgegangen und sind nicht mehr interessiert. Sie sagen …	„Ja … hm, ich bin leider zur Zeit so beschäftigt. Ich habe einfach keine Zeit zum Ausgehen. Tut mir leid.“	

18. Sie sind die einzige Frau in einer wöchentlich stattfindenden dreistündigen Supervisionsgruppe. Sie werden gefragt, ob Sie in den anstehenden Pausen den Kaffeedienst übernehmen könnten. Sie sagen …	„In Ordnung. Ich übernehme die erste Pause. Und für die zukünftigen Treffen möchte ich, dass jeder von uns der Reihe nach den Kaffeedienst übernimmt.“	
19. Für eine Gartenparty haben Sie es übernommen, Getränke und Grillgut einzukaufen. Vereinbart wurde, dass sich alle Beteiligten die Kosten teilen. Am Ende des Abends verabschiedet sich ein Teilnehmer, ohne die Bezahlung seines Anteils selbst angesprochen zu haben.	„Und was ist mit Dir? Willst du absahnen? Ich bekomme noch Geld für die vielen Bierchen, die du dir hast schmecken lassen. Ich bin schließlich kein Rockefeller!“	
20. Nachdem Sie an einem Tag bereits zweimal bei einer Haustürsammlung an wohltätige Institutionen gespendet haben, klingelt es erneut und Sie werden wieder um eine Spende für eine Behindertenstiftung gebeten. Sie möchten an diesem Tag nicht mehr spenden. Sie sagen …	„Oh, das ist mir aber jetzt peinlich. Ich habe heute schon gespendet und mein ganzes Kleingeld ausgegeben.“	

Auflösung

1.	+	6.	-	11.	-	16.	-
2.	U	7.	+	12.	+	17.	U
3.	-	8.	U	13.	-	18.	+
4.	+	9.	+	14.	-	19.	-
5.	U	10.	U	15.	+	20.	U

Nonverbale Kommunikation – die Körpersprache

Aggressive, selbstsichere und selbstunsichere Kommunikation lassen sich selbstverständlich nicht nur aufgrund des Inhalts der jeweiligen Äußerung unterscheiden. Psychologen schätzen, dass fast zwei Drittel menschlichen kommunikativen Verhaltens wortlos ist und nur ein Drittel der Sprache bedarf. Körpersprache umfasst aber nicht nur Gestik, Mimik, Körperhaltung und Körperbewegung, sondern auch Tonfall, Tonhöhe, Sprechtempo und einiges mehr.

Kommunikationstraining – Nonverbale Kommunikation richtig deuten

Die nachstehende Tabelle listet einige nonverbale Aspekte auf:

	a	*b*	*c*
Stimme	fest, gleichmäßiger, mittlerer Tonfall	leise, zögerlich, Lautstärke und Sprechtempo sind nicht konstant	schrill, laut, lauter werdend, rasches Tempo, sich überschlagend
Augen, Blick	kein Augenkontakt oder „Hundeblick“	verengte Augenlider, starrer Blick	offener Blickkontakt
Körperhaltung	starr, Beine gespreizt, geringe Distanz zum Gesprächspartner, Hände sind in die Hüften gestemmt	aufrecht und entspannt, normale Distanz zum Gesprächspartner	Schultern hängen herunter, gebeugte Körperhaltung, Kopf ist nach unten geneigt

Gestik, Hände	das Gesagte wird mit ruhigen Bewegungen unterstrichen	geballte Faust, erhobener Zeigefinger, Drohgebärden	unruhig, Hände werden unter der Kleidung versteckt, Finger sind ständig in Bewegung, während Hände und Arme kaum bewegt werden

Lesen Sie nun noch einmal die drei Äußerungen von Max Müller und suchen Sie aus der Tabelle die körpersprachlichen Elemente heraus, die Ihrer Meinung nach zu den drei Äußerungen passen. Notieren Sie im Folgenden jeweils die zutreffende Spaltenbezeichnung a, b oder c.

Aggressives Kommunikationsverhalten

„Herr Schneider, das ist doch wohl nicht Ihr Ernst! Sie haben Nerven! Sie sind zwar mein Vorgesetzter und können bestimmen, was zu tun ist, aber so was muss ich nicht übernehmen. Sie glauben wohl, Sie können uns Praktikanten alles aufhalsen, was Ihnen beliebt. Also nein, damit ist jetzt Schluss."

Stimme: ....
Blick: ....
Körperhaltung: ....
Gestik: ....

Selbstsicheres Kommunikationsverhalten

„Herr Schneider, diese Aufträge sind für einen Praktikanten nicht angemessen. Ich müsste viele Überstunden machen, das wäre im Rahmen eines Praktikums nicht zumutbar. Können wir uns darauf einigen, dass ich nur einen Teil davon übernehme?“

Stimme: ....
Blick: ....
Körperhaltung: ....
Gestik: ....

Selbstunsicheres Kommunkationsverhalten

„Also gut, Herr Schneider. Ich übernehme das. Wahrscheinlich haben Sie einen guten Grund dafür, warum ich diese Arbeit machen soll ... auch wenn sie für einen Praktikanten eigentlich eine Überforderung darstellt. Vermutlich kann ich Sie auch gar nicht umstimmen, nicht wahr? Oder?“

Stimme: ....
Blick: ....
Körperhaltung: ....
Gestik: ....

Auflösung
Aggressives Kommunikationsverhalten zeichnet sich auf der nonverbalen Ebene aus durch eine laute und sich überschlagende Stimme, durch einen verengten und starren Blick, ebenso durch eine starre Körperhaltung und/oder in die Hüften gestemmte Hände sowie durch eine geballte Fast oder Herumfuchteln mit den Fingern.

Ein selbstsicheres Kommunikationsverhalten äußert sich oft in einer festen Stimme und gleichmäßigen Tonlage, in offenem Blickkontakt, einer aufrechten und entspannten Körperhaltung sowie in ruhigen Bewegungen.

Mit selbstunsicherem Kommunikationsverhalten einher geht hingegen meist eine leise und zögerliche Stimme, ein ausweichender Blick, hängende Schultern und eine gebeugte Haltung sowie unruhige Gesten.

Aggressive, selbstsichere und selbstunsichere Körpersprache			
	aggressiv	*selbstsicher*	*selbstunsicher*
Stimme	schrill, laut, lauter werdend, rasches Tempo, sich überschlagend	fest, gleichmäßiger, mittlerer Tonfall	leise, zögerlich, Lautstärke und Sprechtempo sind nicht konstant
Augen, Blick	verengte Augenlider, starrer Blick	offener Blickkontakt	kein Augenkontakt oder „Hundeblick“
Körperhaltung	starr, Beine gespreizt, geringe Distanz zum Gesprächspartner, Hände sind in die Hüften gestemmt	Aufrecht und entspannt, normale Distanz zum Gesprächspartner	Schultern hängen herunter, gebeugte Körperhaltung, Kopf ist nach unten geneigt
Gestik, Hände	geballte Faust, erhobener Zeigefinger, Drohgebärden	das Gesagte wird mit ruhigen Bewegungen unterstrichen	unruhig, Hände werden unter der Kleidung versteckt, Finger sind ständig in Bewegung, während Hände und Arme kaum bewegt werden

Reflektierendes Zuhören – Kommunikationsverhalten optimieren, indem wir andere besser verstehen

Sie haben bisher gelernt, dass für eine effektive und nachhaltige Optimierung des kommunikativen Verhaltens zunächst die emotionale Grundlage – also das jeweils verantwortliche Gefühl – optimiert werden muss. Es gibt aber auch ein paar ganz konkrete Techniken, die Sie dabei unterstützen können, besser zu kommunizieren. In diesem Kapitel möchte ich Ihnen vor allem erläutern, wie Sie die Botschaft Ihres Kommunikationspartners am besten aufnehmen können. Dafür eignen sich drei Techniken: 1. sich einfühlen, 2. nachfragen und 3. „das Körnchen Wahrheit erkennen".

Botschaft meines Kommunikationspartners

↕

1. Ich fühle mich ein

2. Ich frage nach

3. Ich suche das Körnchen Wahrheit

Empathie zeigen

In unserem Zusammenhang bedeutet Empathie keineswegs Mitleiden mit dem Gesprächspartner und dessen Schwierigkeiten. Es geht um Einfühlung oder besser (denn wir sprechen hier nicht nur von einem Gefühl!) um den Versuch, fremdes Erleben, fremde Gedanken und Gefühle zu verstehen. Sie sollen sich verständnisvoll zeigen – und zwar ohne den anderen zu belehren, zu interpretieren oder zu ermahnen.

Gedankenempathie: Die Sichtweise des Partners ergründen
Eine wesentliche Technik besteht darin, die Aussage des Partners zu paraphrasieren, das bedeutet, sie laut zu wiederholen. Der Gesprächspartner kann sich sodann zustimmend äußern („Ja, genau!") oder Korrekturen vornehmen. Gegebenenfalls kann man nachfragen, ob man das Wesentliche richtig verstanden hat:

> „Wenn ich dich richtig verstanden habe, meinst du, wir sollten morgen nicht Tennis spielen gehen."
> „Deiner Meinung nach könnten wir also auch eine Pauschalreise buchen."
> „Du möchtest lieber ohne mich dorthin gehen. Habe ich das richtig verstanden?"

Gefühlsempathie: die Gefühle des Partners ergründen
Oftmals wird die Art und Weise, wie der Gesprächspartner sich äußert, Anhaltspunkte dafür liefern, welche Gefühle er empfindet. Sie sollten deshalb nicht nur den Inhalt des Gesagten, sondern auch die Gefühle Ihres Gegenübers widerspiegeln:

„Jetzt scheinst du ganz schön wütend zu sein.“
„Beim Gedanken daran bist du wohl immer noch sauer?“
„Das klingt aber ziemlich geknickt. Schlägt dir das so auf den Magen?“

Die folgenden Wendungen können sehr nützlich sein, wenn es darum geht, den Inhalt des Gesagten und/oder die Gefühle des Gesprächspartners zu paraphrasieren. Versuchen Sie einmal selbst, diese einzusetzen. In Konfliktgesprächen kann das sehr hilfreich sein, denn es vermittelt dem Gegenüber, dass man ihm zuhört und ihn zu verstehen versucht.

„Lassen Sie mich das wiederholen. Ich möchte sehen, ob ich Sie richtig verstanden habe.“ (Übrigens eine von Psychotherapeuten gerne gebrauchte Wendung.)
„Sie scheinen damit sagen zu wollen …“
„Habe ich richtig verstanden, dass Sie …“
„Das klingt mir danach …“
„Mit anderen Worten …“
„Ich frage mich, ob du damit meinst …“
„Willst du damit sagen, dass …“
„Ich höre heraus, dass …“
„Das klingt so, als seist du der Ansicht …“
„Sie befürchten also …“
„Ich höre Enttäuschung aus Ihren Worten heraus …“
„Du scheinst ärgerlich zu sein …“

Vermeiden Sie dabei aber folgende Fehler:

Gesprächspartner: „Der neue Chef kann mit seinen Mitarbeitern überhaupt nicht umgehen. So ein unfähiger Kerl! Überhaupt nicht geeignet für diesen Posten.“

Wortwörtliches Wiederholen: „Nach deiner Ansicht kann der neue Chef mit seinen Mitarbeitern nicht umgehen. Du hältst ihn für einen unfähigen Kerl, der für den Posten ungeeignet ist."
Gefühle verstärken und Hysterisieren: „Du hasst den Mistkerl! Die Sache nervt dich total."
Gefühle abschwächen: „Du klingst nicht sehr begeistert."
„Psychoanalysieren": „Mit Autoritätspersonen hast du wohl deine Probleme. Kann es sein, dass du neidisch bist?"
Übertriebenes Schlussfolgern: „Du willst jetzt also alles tun, um ihn zur Strecke zu bringen."
Verallgemeinern und Hinzufügen: „Die heutigen Chefs sind alle total unfähig. Fürchterlich, nicht auszuhalten!"

Kommunikationstraining – Üben Sie sich in Gedanken- und Gefühlsempathie

Bei den folgenden Übungsbeispielen sollen Sie diejenige Antwort erkennen, die entweder Gedanken oder Gefühle widerspiegelt (die empathische Antwort), und begründen, was an den beiden anderen Antworten zu bemängeln ist. Die Lösungen finden Sie im Anschluss an die fünf Fälle.

Fall 1: Das leere Konto

Gesprächspartner: „Schon wieder ist mein Konto im Minus. Was ist bloß los mit mir? Warum nur bin ich immer pleite?"
a) „Warum nimmst du nicht einen Kredit auf? Das ist doch heutzutage gar nicht schwer."
b) „Du bist ziemlich frustriert, dass du so schlecht mit deinem Geld auskommst. Du zweifelst an dir."

c) „Du teilst dir dein Geld nicht ein, daran liegt das! Sei sparsamer!“

Fall 2: Die Partnerin beklagt sich

Gesprächspartnerin: „Du lebst nur noch für deine Arbeit! Wir unternehmen gar nichts mehr. Ich bin dir anscheinend nicht genug.“

a) „Was soll denn das nun schon wieder? Vor zwei Tagen waren wir noch im Kino. Außerdem fällt das Geld nicht vom Himmel, und du profitierst ja auch ganz gut von meiner Arbeit.“

b) „Du klingst ziemlich enttäuscht darüber, wie es in letzter Zeit bei uns läuft.“

c) „Warum verabredest du dich nicht wieder mit Wibke zum Tennisspielen? Und in zwei Monaten machen wir Urlaub auf den Kanaren.“

Fall 3: Die unerwünschte Anmache

Gesprächspartnerin: „Oh nein, wenn der Kerl mich morgen zum dritten Mal fragt, ob ich mit ihm ausgehen möchte, platze ich!“

a) „Du bist wirklich genervt von dem Typ.“

b) „Warum regst du dich auf? Sei doch froh, dass du so begehrt bist.“

c) „Du Arme! Ist ja schrecklich! Das kann ja auch kein Mensch aushalten!“

Fall 4: Die Teamsitzung

Gesprächspartnerin: „In der Teamsitzung habe ich mehrere Lösungen für das Problem vorgeschlagen. Aber meinst du, es wäre auch nur einer darauf eingegangen?“

a) „Das kenne ich. Die Männer ignorieren einfach alles, was von Frauen vorgeschlagen wird. Alles Chauvis!"
b) „Ich höre heraus, dass dich das gekränkt hat. Verstehe ich das richtig?"
c) „Du hast doch irgendwie ein Problem mit Männern – vielleicht geht das auf dein Verhältnis zu deinem Vater zurück. Befreie dich doch mal davon und nimm das Ganze nicht so ernst."

Fall 5: Stress im Praktikum

Gesprächspartner: „Im Praktikum läuft es nicht gut. Ich bekomme so viele Arbeiten aufgetragen, dass ich nicht weiß, wie ich die kommenden Wochen durchstehen soll."
a) „Mit anderen Worten: Du stehst enorm unter Druck und befürchtest, den Stress nicht durchhalten zu können."
b) „Kenn ich. Von mir verlangt der Chef, dass ich bis 9 Uhr abends in der Firma bin und auch am Wochenende abrufbereit bleibe. Den Rest der Zeit muss ich mich mit der Doktorarbeit herumschlagen."
c) „Ach, ich kenne dich doch. Du schaffst das schon. Du bist doch hart im Nehmen. Es kommen auch wieder andere Zeiten."

Auflösung

Fall 1: Das leere Konto

a) Zweifelhafter Ratschlag, der möglicherweise das Problem des Gesprächspartners noch verschlimmert.
b) Spiegelung der Gefühle und der Gedanken – in diesem Fall der Selbstzweifel.
c) Voll daneben! Das weiß der Gesprächspartner selbst. Aber weil es bislang nicht klappt, ist er ja frustriert.

Fall 2: Die Partnerin beklagt sich

a) Defensiv-aggressive Antwort, die voraussichtlich Gegenaggression provoziert.
b) Spiegelung des Gefühlszustands und Ausgangspunkt für eine gemeinsame Problemlösung.
c) Leugnung statt Spiegelung der Gefühle. Anstatt sich auf das Problem und die Gefühle der anderen Person einzulassen, wird eine schnelle Lösung präsentiert.

Fall 3: Die unerwünschte Anmache

a) Gefühle werden widergespiegelt.
b) Belehrender Rat, das Gefühl sei unangebracht.
c) Diese Äußerung ist katastrophisierend und wird wahrscheinlich das Gefühl der Gesprächspartnerin in Richtung eines unangemessenen Gefühls intensivieren.

Fall 4: Die Teamsitzung

a) Die Gefühle seiner Gesprächspartnerin kennt der Absender dieser Botschaft offensichtlich nicht! Außerdem wird eine unsinnige Verallgemeinerung und pauschale Abwertung hinzugefügt. Beides führt wohl eher dazu, dass feindselige Gefühle erst recht entfacht werden.
b) Gefühle werden widergespiegelt. Indem nachfragt wird, ob die Gesprächspartnerin tatsächlich so empfindet, hat sie die Möglichkeit, die Annahme zu korrigieren. Vielleicht ist sie gar nicht gekränkt, sondern eher ärgerlich.
c) Versuch, die Gesprächspartnerin zu analysieren und zu therapieren.

Fall 5: Stress im Praktikum

a) Gedanken- und Gefühlsempathie.
b) Es werden Sachverhalte hinzugefügt, die nichts mit dem vom Gesprächspartner geäußerten Inhalt zu tun haben. Eigene Probleme werden sogar in den Vordergrund gestellt, die tatsächlichen Gefühle des anderen werden nicht zur Kenntnis genommen.
c) Das Problem wird nicht ernst genommen, eher verniedlicht. Unangebrachtes positives Denken wird als Problemlösung angeboten.

Nachfragen ist wichtig

Nicht immer ist es möglich, die Gedanken und Gefühle Ihres Gesprächspartners zu paraphrasieren beziehungsweise zu spiegeln. Manche Äußerungen mögen Ihnen unklar erscheinen oder Sie können sie nicht genügend verstehen. Eventuell möchten Sie im Verlauf des Gesprächs auch einfach noch mehr über das erfahren, was die andere Person denkt oder fühlt. Insbesondere Gefühle des Ärgers oder der Kränkung werden oft unterdrückt oder nicht zugegeben. Daher ist es wichtig, nachzufragen – auch um der anderen Person die Möglichkeit zu geben, sich kritisch zu äußern oder negative Gefühle zum Ausdruck zu bringen. Nur wenn die Karten auf dem Tisch liegen, können Sie den Gesprächspartner und sein Problem verstehen und so Ihrerseits etwas zur Lösung des Konflikts beitragen.

Beim Nachfragen sollte man Interpretationen und Bewertungen vermeiden, um dem Gesprächspartner nicht vorzugreifen:

„Wie hast du das genau gemeint?“
„Kannst du das konkretisieren?“

„Kannst du das bitte noch einmal wiederholen?"
„Darüber würde ich jetzt noch gerne mehr erfahren."

Kommunikationstraining – Lernen Sie, nachzufragen

Ihre Lebenspartnerin beschwert sich heftig: „Ich komme mit deiner Art nicht klar! Du räumst nichts auf. Überall im Haus stehen die von dir benutzten Kaffeetassen herum."

Wie antworten Sie? Erinnern Sie sich an eine vergleichbare Situation mit Ihrem Lebenspartner, mit Freunden oder Familienmitgliedern. Wie würden Sie reagieren oder wie haben Sie in solchen Situationen in der Vergangenheit reagiert?

....

....

....

....

Auflösung
Zwei mögliche Antworten:

„Das stimmt wohl. Und gibt es noch andere Dinge, mit denen ich dich frustriere?" (Nachfrage)
„Stimmt. Ich werde die Tassen gleich einmal einsammeln und mich bemühen, in Zukunft keine Tassen mehr stehen zu lassen."

Die zweite Antwort bietet zwar eine konkrete Problemlösung an – dennoch werden Sie so nichts über die Gefühle Ihres Gesprächspartners oder Ihrer Partnerin erfahren. Vielleicht fehlt es ihm oder ihr an Zuwendung und Wertschätzung. Das wäre dann für Ihre gemeinsame Beziehung ein wichtiger Punkt. Wenn Sie aber nur das Problem der Kaffeetassen lösen, dann bleiben wichtige Beziehungsfragen unberücksichtigt und werden Ihre Beziehung auch weiterhin beeinträchtigen. Zum Beispiel, wenn Ihre Partnerin Sie demnächst anfährt: „Immer willst du allein bestimmen, in welches Kino wir gehen." Oder: „Du schenkst mir nie Blumen. Von Freundinnen höre ich dauernd, dass sie welche bekommen."

Wenn Sie aber nachfragen, kommen Sie dem eigentlichen Kern des Problems näher. Vielleicht erhalten Sie von Ihrem Gegenüber dann folgende Antwort:

> „Allerdings – da gibt es noch einiges, was mich frustriert! Ich finde überhaupt, dass unsere Beziehung nicht mehr so ist wie früher. Es ist doch alles nur noch Routine. Und da frage ich mich echt, was ich dir überhaupt noch bedeute?"

Damit leiten wir nun über zu einer weiteren sehr effektiven Kommunikationstechnik:

„Das Körnchen Wahrheit finden" oder „Den Wind aus den Segeln nehmen"

Bei Anwendung dieser Technik erkennen wir die grundsätzliche Möglichkeit an, dass ein Körnchen Wahrheit in dem steckt, was die andere Person sagt. Das nehmen wir selbst dann an, wenn wir zunächst der Auffassung sind, es handele sich um eine total unsinnige, unvernünftige oder irrationale Kritik beziehungsweise eine unfaire verbale Attacke. Indem wir das Körnchen Wahrheit finden und auf dieser Basis der anderen Person Zustimmung signalisieren, nehmen wir ihr den Wind aus den Segeln.

Der entscheidende Punkt dabei ist, sich nicht auf eine argumentative Diskussion einzulassen. Denn meist führen solche Diskussionen sehr schnell zu einem Streit, bei dem es nicht mehr um die Sache geht, sondern darum, wer die besseren Argumente hat beziehungsweise wer als Sieger aus dem Streitgespräch hervorgeht. Dazu ein Beispiel:

> Emma: „Du bist ein fürchterlicher Rechthaber! Immer weißt du alles besser, selbst bei Dingen, von denen du doch gar nichts verstehst."
> Hans: „Das stimmt nicht! Ich richte mich nur nach Logik und benutze meinen Verstand."
> Emma: „Man kann nicht alles nur mit dem Kopf betrachten! Du bist völlig verkopft. Gefühle zählen auch."
> Hans: „Das ist doch völlig unsinnig! Ich kann doch eine Brücke auch nicht nur nach Gefühl bauen, über so eine Brücke möchte ich nicht gehen."
> Emma: „Von deiner Arbeit als Brückeningenieur rede ich gar nicht."
> Hans: „Aber ich. Das ist doch das beste Beispiel dafür, dass es ohne Kopf nicht geht."
> Emma: „Ist ja lachhaft."
> Hans: „Ja, für dich! Du kannst eben nicht vertragen, dass ich recht habe."
> Emma: „Genau! Und ich habe keine Lust mehr, weiterzureden."

Das Ergebnis dieses Streitgesprächs ist wahrscheinlich, dass Emma sich in ihrer Annahme bestätigt sieht und Hans jetzt erst recht für einen Rechthaber hält. Ihre Abneigung gegen diesen Charakterzug ihres Partners nimmt vermutlich noch zu. Hans hingegen wird Emma weiterhin als eine irrationale, gefühlsgesteuerte Person ansehen. Es ist ihm in diesem Gespräch nicht gelungen, über seinen Schatten zu springen. Anstatt das Körnchen Wahrheit in ihrer Bemerkung zu erkennen und ihr insoweit zuzustimmen, zettelt er eine Diskussion an. Damit beweist er aber letztendlich nur, dass Emma im Grunde recht hat.

Hier das Gegenbeispiel:

> Emma: „Du bist ein fürchterlicher Rechthaber! Immer weißt du alles besser, selbst bei Dingen, von denen du doch gar nichts verstehst."
> Hans: „Du hast recht. Ich bin wirklich ziemlich rechthaberisch. Ich verstehe, dass dir das oft auf die Nerven geht."

Emma wird wahrscheinlich sehr überrascht und vielleicht auch besänftigt sein. Indem Hans zugibt, rechthaberisch zu sein, beweist er, dass seine Besserwisserei nicht ganz so fürchterlich ist, wie Emma meint.

Bereits Epiktet hat diesen Zusammenhang gesehen, als er bemerkte:

Wenn dir jemand erzählt,
dass der oder dieser dir Böses nachrede,
so verteidige dich nicht gegen das,
was man über dich sagte, sondern antworte:
„Die anderen mir anklebenden Fehler wusste er nicht,
sonst hätte er nicht bloß diese angeführt."[28]

28 Projekt Gutenberg, Epiktet, *Handbuch der Moral*, Übers. C. Hilty.

Kommunikationstraining – Nehmen Sie Ihrem Gesprächspartner den Wind aus den Segeln

Sie haben sich eine neue Frisur zugelegt. Freunde und Kollegen stimmen zu, dass Ihnen die Frisur gut steht und Sie jünger aussehen lässt. Eine gute Freundin hingegen sagt zu Ihnen:

> „Also diese Frisur ist ja schrecklich, so etwas steht dir überhaupt nicht!"

Wie antworten Sie? Formulieren Sie zunächst selbst.

....

....

....

....

Wie wäre es mit:

> „Vielleicht ist diese Frisur wirklich ein wenig übertrieben. Ich bin ja nicht mehr die Jüngste. Welche Frisur würdest du mir empfehlen?"

Oder Ihr Chef ruft Sie zu sich und legt los:

> „Was haben Sie mir denn da für einen Mist fabriziert? Diesen fachidiotischen Text versteht doch kein normaler Mensch."

Sie wissen, dass der Text durchaus nicht leicht zu verfassen war, sind aber im Großen und Ganzen mit Ihrer Arbeit zufrieden. Daher sind Sie ziemlich frustriert von der harschen Kritik Ihres Chefs. Wie können Sie ihm den Wind aus den Segeln nehmen?

. . . .
. . . .
. . . .
. . . .

Sie könnten antworten:

> „Ja, vielleicht hätte ich mich doch um mehr Einfachheit bemühen sollen. Ist es das, was Ihnen vorschwebt, oder gibt es noch andere Punkte, die Sie gerne berücksichtigt hätten?“

Und nun noch ein Beispiel aus meiner therapeutischen Praxis. Dort kommt es gelegentlich vor, dass Klienten infrage stellen, ob die Techniken der Rational-Emotiven und Kognitiven Verhaltenstherapie ihnen wirklich helfen können. Sie sagen mir etwa:

> „Das klingt ja alles schön und gut. Aber ich kann mir nicht vorstellen, dass man seine Gefühle so leicht kontrollieren kann, wie Sie das sagen. Ich bin skeptisch, ob mir Ihre Methode weiterhilft!“

Nachdem Sie in diesem Buch schon eine gewisse Vertrautheit mit der ABC-Theorie gewonnen haben und auch gelernt haben, Dinge infrage zu stellen, fällt Ihnen eine Antwort hierauf womöglich nicht schwer:

. . . .
. . . .
. . . .
. . . .
. . . .

Ich selbst antworte auf solche Fragen meist wie folgt:

> „Sie haben nicht nur recht mit Ihrer Skepsis, sondern diese ist sogar eine hervorragende Voraussetzung für die Arbeit, die Sie werden leisten müssen, wenn Sie etwas verändern wollen."

Und wie steht es mit Ihnen? Sind Sie skeptisch?

Sehr gut! Dieses Buch will Sie sogar dazu ermutigen, den Zweifel zum Prinzip des Denkens zu erheben. Jede Theorie – auch eine psychotherapeutische – kann nur dann den Anspruch einer wissenschaftlichen Theorie erheben, wenn Ihre Aussagen bezweifelbar und gegebenenfalls widerlegbar bleiben. Dieser Erkenntnis – grundlegend formuliert in der zeitgenössischen Philosophie des Kritischen Rationalismus von Karl Popper (1972) – ist auch die REVT verpflichtet. Darüber hinaus will sie uns gerade zeigen, wie wir diese wissenschaftliche Methode auch in unserem Alltagsdenken anwenden können, um glücklicher zu leben und nicht gleich den Kopf zu verlieren, sobald etwas schiefläuft.

Aber kehren wir zurück zu der oben beschriebenen Technik des Zustimmens – denn sie birgt auch mögliche Fallstricke. Nicht ratsam ist es, diese Technik isoliert anzuwenden, dann kommt vielleicht ein Gespräch wie das folgende zustande[29]:

> Beifahrer: „Du fährst zu schnell."
> Fahrer: „Ja vielleicht. Ich könnte langsamer fahren."
> Beifahrer: „Du kannst geblitzt werden!"
> Fahrer: „Ja, ich könnte geblitzt werden. Das kann passieren."
> Beifahrer: „Du baust noch einen Unfall."
> Fahrer: „Möglich. Unfälle passieren."

29 Lange, A.J. & Jakubowski, P. (1976), S. 37.

Weshalb berühren uns die Antworten des Fahrers unangenehm? Was fehlt? Der Fahrer stimmt seinem Beifahrer zwar zu, versucht sich aber offensichtlich nicht, in diesen einzufühlen. Er erkennt nicht, dass der Beifahrer Gefühle der Angst oder Besorgnis empfindet. In einer solchen Gesprächssituation wäre es sinnvoll, die Technik des Zustimmens und des Nachfragens miteinander zu verbinden:

> „Ja, vielleicht hast du recht. Ich könnte langsamer fahren. Hast du einen bestimmten Grund, warum du möchtest, dass ich langsamer fahre? Beunruhigt dich schnelles Fahren? Hast du Angst?"

Es gibt aber auch noch andere Formen des Zustimmens, die einem guten und zielführendem Gespräch eher abträglich sind. Nehmen Sie folgende Beispiele:

1.
„Du bist ein dummer Ignorant." (Kritik, Anschuldigung)
„Ah ja, natürlich. Ich bin ein dummer Ignorant! Du Alleswisser musst das ja wissen. Ganz klar!" (mit sarkastischem Ton)

2.
„Du bist ein dummer Ignorant." (Kritik, Anschuldigung)
„Ja, ich weiß. Ich bringe einfach nichts auf die Reihe." (leise, verschämte Äußerung)

Beide Antworten formulieren Zustimmung, bewirken aber eher das Gegenteil dessen, was durch gute Kommunikation erreicht werden soll. Es handelt sich um zielsabotierendes, selbstschädigendes Kommunikationsverhalten – wie folgende ABCs veranschaulichen:

ABC-Analyse zu Antwort 1

Aktivierendes Ereignis: Kritische Äußerung, Verbalattacke

Botschaft an sich selbst: „Der darf mich nicht unfair kritisieren, dieser Mistkerl. Dem zeige ich es!“

eC – Gefühlskonsequenz: Wut, Feindseligkeit

bC – Verhaltenskonsequenz: „Ah ja, natürlich. Ich bin ein dummer Ignorant! Du Alleswisser musst das ja wissen. Ganz klar!“

ABC-Analyse zu Antwort 2

Aktivierendes Ereignis: Kritische Äußerung, Verbalattacke

Botschaft an sich selbst: „Ich bin wirklich ein totaler Versager. Wie furchtbar!“

eC – Gefühlskonsequenz: Minderwertigkeitsgefühl, Niedergeschlagenheit

bC – Verhaltenskonsequenz: „Ja, ich weiß. Ich bringe einfach nichts auf die Reihe.“

Und wie sähe nun eine Antwort im Sinne eines guten Kommunikationsstils aus?

ABC-Analyse: Gute, zielführende Kommunikation

Aktivierendes Ereignis: Kritische Äußerung, Verbalattacke

Botschaft an sich selbst: „Wenn man mich als dummen Ignoranten bezeichnet, macht mich das noch lange nicht wirklich zu einem dummen Ignoranten. Möglicherweise habe ich etwas Falsches gesagt, weil ich es nicht besser wusste. Das ist alles. Jeder Mensch macht Fehler. Die Kritik war ziemlich unfair. Mein Gesprächspartner hätte sich weniger abwertender Worte bedienen können. Er hat es aber nicht getan. Das unfaire Verhalten ist nicht schön, macht den Kritiker aber nicht zu einem Mistkerl durch und durch. Auch diese Person kann falsch handeln wie alle Menschen. Mit etwas Humor kann ich die Kritik gut ertragen und den anderen mit einer humorvollen Antwort beschämen, ohne ihn ernsthaft zu kränken."

eC – Gefühlskonsequenz: milder Verdruss, Irritation

Zu welcher Verhaltenskonsequenz führt dieses Gefühl? Wie könnten Sie antworten? Formulieren Sie zunächst selbst – bevor Sie weiterlesen.

....

....

....

....

....

Auflösung

bC – Verhaltenskonsequenz: Sie könnten mit einem Zwinkern antworten: „Na ja, den Verdacht habe ich auch manchmal." Mit einer humorvollen Bemerkung bringen Sie die Lacher auf Ihre Seite und beschämen Ihren Kritiker, anstatt die Bemerkung einfach unwidersprochen hinzunehmen.

Botschaften besser formulieren

Ging es im letzten Abschnitt um die Optimierung unserer Fähigkeiten des Zuhörens und Verstehens, so wollen wir unsere Aufmerksamkeit nun wieder auf Inhalt und Form der eigenen Botschaft lenken. Genauer gesagt, es geht darum, wie man seine Botschaften möglichst zielführend formuliert.

I-Language benutzen

Der Begriff I-Language („Ich-Sprache") geht auf die Arbeit von Thomas Gordon zurück. Damit ist gemeint, dass wir unsere Botschaften möglichst in der ersten Person als sogenannte Ich-Botschaft und nicht in der zweiten Person als Du-Botschaft formulieren.

Beispiele für Du- und Ich-Botschaften

Du-Botschaft	**Ich-Botschaft**
„Du nervst mich!"	„Ich bin genervt."
„Du ärgerst mich."	„Ich bin ärgerlich."
„Du machst mich verrückt ..."	„Ich bin verwirrt ..."
„Deine Art macht mich ganz depressiv."	„Ich fühle mich depressiv, wenn ..."
„Du lenkst immer ab."	„Ich würde das gerne klären."
„Du machst nie mit."	„Ich würde gerne mit dir ausgehen."
„Du solltest ..."	„Ich fände es schön, wenn du ..."

Du-Botschaften klingen beschuldigend, kritisierend, herabsetzend und rechthaberisch. Sie fordern den Gesprächspartner zum

Widerspruch geradezu heraus und sind somit oft der Ausgangspunkt für fruchtlosen Streit. Darüber hinaus dürfte Ihnen als aufmerksamem Leser nicht entgangen sein, dass die Du-Botschaften in den oben angeführten Beispielen auch im Widerspruch zu den Erkenntnissen über das Zustandekommen von Gefühlen stehen. Sie basieren auf einem irrigen A-C-Schluss. „Weil *du* etwas machst (A) bin ich verärgert oder genervt (C)!" – diese Schlussfolgerung ist aber nicht zutreffend. Sehen Sie sich dazu auch den folgenden Dialog an:

> Gesprächspartner: „Du weißt, dass du mich damit nervst."
> Ihre Antwort: „Ich kann dich gar nicht nerven. Du kannst dich nur selber nerven."
> Gesprächspartner: „Was ist das denn für ein Unsinn! Klar nervst du mich!"
> Ihre Antwort: „Nein! Man kann sich nur selber nerven. Gefühle erschafft man sich selbst."
> Gesprächspartner: „Ach, lass mich in Ruhe mit deinem Gerede!"

Wenn Sie allerdings diese wichtige Erkenntnis so kommunizieren, kommt sie höchst wahrscheinlich nicht richtig an. Wie Sie unschwer an der letzten Äußerung Ihres Gesprächspartners feststellen können, haben Sie mit diesem Gespräch Ihr Ziel verfehlt. Versuchen Sie deshalb einmal, die gelernten Techniken Empathie, Nachfragen und „Wind aus den Segeln nehmen" anzuwenden. Wie könnte das Gespräch dann verlaufen?

> Gesprächspartner: „Du weißt, dass du mich damit nervst."
> Optimierte Antwort: „Ja, etwas an mir oder meinem Verhalten ist wohl der Anlass dafür (Wind aus den Segeln nehmen), dass du jetzt genervt bist (Gedanken- und Gefühlsem-

pathie). Was genau ist der Anlass dafür? (Nachfragen) Wenn ich das nicht weiß, kann ich nichts ändern, und dann ärgere ich mich auch (Ich-Botschaft)."

Eigene Gefühle offenbaren

Mit einer Ich-Botschaft macht der Sender Aussagen über sich selbst, er teilt etwas über sich mit. Er offenbart ...

... seine Gefühle
... seine Wünsche und Vorlieben
... seine Ziele
... seine Gedanken und Einstellungen
... seine Abneigungen

Kurz: Der Sender teilt dem Empfänger sein inneres Erleben mit. Solche Botschaften signalisieren selbstsicheres Verhalten, stehen also im Dienste der Selbstbehauptung. Sie tragen darüber hinaus dazu bei, dass Sie sich selbst besser kennenlernen. Und wenn Sie Ihre Wünsche und Ziele formulieren, dann fördert dies sowohl Ihre Fähigkeit zur Selbstexploration als auch Ihre Selbstakzeptanz und Selbstachtung. Man wird Sie besser verstehen, und Sie ermöglichen anderen Personen, sich besser auf Sie einzustellen.

Eine zielführende Ich-Botschaft in vier Schritten

Dieses Schema hilft, schwierige kommunikative Situationen zu meistern:

1. Beschreiben Sie möglichst objektiv das Verhalten der anderen Person.
2. Erläutern Sie die nachteiligen Effekte dieses Verhaltens.
3. Beschreiben Sie die eigenen Gefühle in dieser Situation.
4. Teilen Sie Ihren Wunsch nach Veränderung mit.

Kommunikationstraining – Formulieren Sie einen Wunsch in vier Schritten

Lesen Sie den jeweiligen Sachverhalt und formulieren Sie Ihre Ich-Botschaft. Beginnen Sie jeweils wie folgt:

1. *Wenn …*
2. *dann …*
3. *und ich fühle mich …*
4. *daher möchte ich …*

Der Mitbewohner
Während eines beruflich bedingten mehrmonatigen Auslandsaufenthalts leben Sie mit einem Kollegen in Wohngemeinschaft. Sie haben unterschiedliche Arbeitszeiten. Ihr Kollege räumt das von ihm benutzte Geschirr in der gemeinsamen Küche nicht auf. Wie lautet Ihre Ich-Botschaft?

1. ....
2. ....
3. ....
4. ....

Der Kettenraucher

Sie sind in einem Musikclub. Ein anderer Besucher fragt Sie, ob neben Ihnen noch ein Platz am Tisch frei sei. Sie bejahen das und bieten den Platz an. In der Folgezeit raucht Ihr Tischnachbar eine Zigarette nach der anderen. Ihre Augen beginnen zu tränen, im Hals verspüren Sie bereits ein unangenehmes Kratzen. Sie fühlen sich sehr unbehaglich. Sie möchten den Raucher daraufhin ansprechen. Wie formulieren Sie Ihre Ich-Botschaft?

1. ....
2. ....
3. ....
4. ....

Auflösung

Der Mitbewohner

1. „Wenn in unserer Küche das von dir benutzte Geschirr nicht gespült und aufgeräumt wird,
2. dann muss ich das erst selbst tun, wenn ich hungrig nach Hause komme und mir Essen zubereiten möchte.
3. Ich ärgere mich darüber
4. und möchte, dass du in Zukunft darauf achtest, das Geschirr sauber und aufgeräumt zu hinterlassen."

Im Gegensatz dazu steht folgende Äußerung, die sicher nicht selten ist, aber das Ziel gründlich verfehlt:

> „Hör mal, du nervst mich. Du hältst keine Ordnung in der Küche!"

Der Kettenraucher

1. „Wenn Sie eine Zigarette nach der anderen rauchen,
2. dann tränen meine Augen, ich habe Halskratzen und im Übrigen keinen Spaß mehr an den Musikdarbietungen.
3. Ich merke, wie ich sehr ärgerlich werde,
4. und bitte Sie daher dringend, mehr Rücksicht zu nehmen und nicht mehr so viel zu rauchen."

Zur rechten Zeit Wertschätzung signalisieren

Es gibt kaum etwas, das sich Menschen mehr wünschen, als von anderen gemocht, geschätzt und anerkannt zu werden. Umgekehrt ist die Angst vor Ablehnung eine der am meisten verbreiteten Ängste überhaupt und entsteht, wenn Menschen aus ihren Wünschen Muss-Forderungen machen. Unter den berühmten von Albert Ellis zusammengestellten zehn irrationalen Ideen[30] rangiert die Forderung nach Anerkennung unangefochten an erster Stelle:

Ich muss von jedermann – zumindest von jeder Person, die mir etwas bedeutet – nahezu immer geliebt, geschätzt oder anerkannt werden.

Wenn wir kommunizieren, sollten wir also besser im Auge behalten, dass unsere Gesprächspartner mindestens den Wunsch nach Wertschätzung oder sogar auch die ungesunde *Forderung* nach Anerkennung in sich tragen. In jedem Fall ist es also klug,

30 Sie finden alle zehn irrationalen Botschaften im Anhang dieses Buches.

beide Möglichkeiten zu berücksichtigen und unseren Gesprächspartnern direkt oder indirekt Wertschätzung zu signalisieren, indem wir etwa sagen:

„Ich schätze Sie sehr, aber in dem Punkt sind wir ganz verschiedener Meinung."
„Du weißt, dass ich dich sehr mag, aber ich hätte doch gerne, dass …"

Diese Botschaften sind als direkte Wertschätzung formuliert, da sie die Person unmittelbar und insgesamt ansprechen.

Wertschätzung kann aber auch indirekt und sachbezogen vermittelt werden, indem Sie beispielsweise Ihren Wunsch formulieren, aber grundsätzlich die Meinung des anderen respektieren:

„Ich stimme zu, dass die Neuverteilung der Aufgaben noch einige Schwierigkeiten mit sich bringt, aber das ganze System deswegen zu kippen finde ich falsch."

Es geht hier nicht etwa darum, sich einzuschmeicheln – vielmehr soll dem Gesprächspartner vermittelt werden, dass man ihn voraussetzungslos akzeptiert. Das ist auch ein wesentlicher Aspekt in Albert Ellis' Rationaler Lebensphilosophie.

Die Philosophie der Akzeptanz

Voraussetzungslose Selbstakzeptanz
Hierbei bewerten wir unsere Gedanken, Gefühle und Handlungen in Bezug auf unsere Hauptlebensziele (siehe Seite 20). Wenn daraus folgt, dass unsere Gedanken, Gefühle und Handlungen zielführend sind, so bewerten wir diese als sinnvolle und „gesunde" Gedanken, angemessene Gefühle und effektives Verhalten. Umgekehrt bewerten wir sie als selbstschädigende Gedanken, unangemessene Gefühle und dysfunktionales Verhalten.
Aber wir akzeptieren und respektieren uns selbst als Mensch – unabhängig davon, ob wir nun gute und zielführende Leistungen erbringen oder nicht, und unabhängig davon, ob andere Menschen uns und unsere Verhaltensweisen mögen oder nicht.

Voraussetzungslose Fremdakzeptanz
Hierbei bewerten wir die Gedanken, Gefühle und Verhaltensweisen anderer Menschen gemäß unseren eigenen und gesellschaftlichen Wertvorstellungen und Normen als gut oder schlecht. Aber wir bewerten niemals *den ganzen Menschen*, sondern akzeptieren und respektieren ihn, auch wenn wir nicht immer alle seine Eigenschaften oder Verhaltensweisen mögen.

Voraussetzungslose Lebensakzeptanz
Der Vollständigkeit halber wollen wir diesen Bereich ebenfalls noch kurz skizzieren. Hierbei bewerten wir die Lebensbedingungen der Welt, in der wir leben, nach unseren Wunschzielen wie auch nach den Zielen der Gruppe oder Gesellschaft, in der wir leben, als gut oder schlecht. Sind die Bedingungen veränderbar, so versuchen wir sie gemäß unseren Wunschzielen zu ändern. Sind sie nicht veränderbar, akzeptieren wir sie besser. Entsprechend lautet das sogenannte Gelassenheitsgebet des deutsch-amerikanischen Theologen und Philosophen Reinhold Niebuhr:

„Gott, gib mir die Gelassenheit, Dinge hinzunehmen, die ich nicht ändern kann, den Mut, Dinge zu ändern, die ich ändern kann, und die Weisheit, das eine vom anderen zu unterscheiden."

Wenn Sie Wertschätzung signalisieren möchten, ist es vor allem wichtig, dass Sie den richtigen Zeitpunkt wählen. In den allermeisten Fällen wird ein Gespräch über einen strittigen Punkt einen versöhnlicheren Verlauf nehmen, wenn der Gesprächspartner merkt, dass er von uns als Mensch und Person akzeptiert wird – aber das Timing ist ungemein wichtig. Wenn möglich, beginnen Sie damit, dem Gesprächspartner Ihre Wertschätzung zu signalisieren, bevor Sie Ihre Kritik oder Ihre negativen Gefühle mitteilen.

Kommunikationstraining – Ändern Sie Ihre Kommunikationsstrategie mithilfe der gelernten Techniken

Dies gelingt Ihnen mit der sogenannten Vier-Spalten-Technik. Im Folgenden finden Sie ein Beispiel, wie das Übungsblatt auf Seite 206 auszufüllen ist.

Gesprächspartner/in	*Meine übliche, selbstschädigende Antwort*	*Schlechte Kommunikationsmerkmale*	*Meine neue, zielführende Antwort*
Dagmar: „Mit deinen Freunden gehst du aus. Mit mir nie!“	Partner: „Quatsch! Ich gehe auch mit dir aus! Ich lass nicht über mich bestimmen.“	Gegenaggression, Herabsetzen des Gegenübers, Verteidigungshaltung	„Stimmt, ich gehe häufig mit meinen Freunden aus und nicht so oft mit dir (Wind aus den Segeln genommen). Was du sagst, hört sich traurig an (Gefühl gespiegelt). Du würdest gerne öfter mit mir weggehen (Wunsch herausgehört). Oder ist noch etwas anders? (Nachfragen)“

Gesprächspartner/in	*Meine übliche, selbstschädigende Antwort*	*Schlechte Kommunikationsmerkmale*	*Meine neue, zielführende Antwort*
Notieren Sie hier eine Bemerkung Ihres Partners/Ihrer Partnerin, die Sie verletzt, kränkt oder sonst emotional belastet	Hier notieren Sie Ihre übliche Antwort	Identifizieren Sie die Kommunikationsmerkmale, die eine gute, zielführende Kommunikation verhindern (siehe auch Seite 148 ff.)	Finden Sie eine neue Antwort, die den Anforderungen an eine gute Kommunikation entspricht (siehe auch Seite 179 ff.)

Im Teufelskreis der Interaktion

Bislang haben wir kommunikatives Verhalten mehr oder weniger isoliert betrachtet. Ich habe gezeigt, dass Kommunikation in Bezug auf die Wunsch- beziehungsweise Lebensziele einer Person als zielführend (gut) oder selbstschädigend (schlecht) angesehen werden kann und dass unseren Gefühlen eine wichtige Rolle als Ausgangspunkt (Motivation) für unser kommunikatives Verhalten zukommt: Unangemessene Gefühle erschweren gute Kommunikation!

Nun spielt aber auch die Interaktion (der Kommunikationsaustausch) zwischen zwei Menschen ebenfalls eine entscheidende Rolle – das lässt sich an folgendem Beispiel sehen: Rita ist wütend (eC – Gefühlskonsequenz) und schreit Jochen an (bC – Verhaltenskonsequenz). Ritas kommunikatives Verhalten wird so für Jochen zum Aktivierenden Ereignis (A). Jochen reagiert wütend (eC) und brüllt zurück (bC). Und so weiter und so fort.

Analyse eines Ehestreits

Die (gestörte) Interaktion eines Ehepaares lässt sich auf diese Weise mit dem ABC-Modell darstellen:

ABC-Analyse: Rita

Aktivierendes Ereignis: Jochen kritisiert Rita heftig.

Botschaft an sich selbst: „Wie unfair von ihm! Er *darf* mich *nicht* so unfair kritisieren."

eC – Gefühlskonsequenz: starker Ärger, Gekränktsein

bC – Verhaltenskonsequenz: wütende Äußerung, Rückzug

↓ Das führt zu:

ABC-Analyse: Jochen

Aktivierendes Ereignis/Situation: wütende Äußerung Ritas (Ritas bC!)

Botschaft an sich selbst: „Sich so zu ärgern, ist doch lächerlich! Sie sollte sich nicht so kindisch aufführen!"

eC – Gefühlskonsequenz: starker Ärger

bC – Verhaltenskonsequenz: Jochen verleiht seinem Ärger ebenfalls Ausdruck und wertet Rita mit seiner Äußerung pauschal ab: „Was bist du für eine kindische Mimose! Benimm dich doch mal wie eine Erwachsene!"

↓ Das wiederum führt zu:

ABC-Analyse: Rita

Aktivierendes Ereignis: ärgerliche und herabsetzende Äußerung Jochens (Jochens bC!)

Botschaft an sich selbst: „Statt aufzuhören, mich unfair zu kritisieren, wird er noch ätzender und macht mich total herunter. Das ist ja nicht auszuhalten!"

eC – Gefühlskonsequenz: Wut und Depression

bC – Verhaltenskonsequenz: Rita zieht sich wütend und verletzt zurück. Sie stürmt aus dem Zimmer und schlägt die Tür hinter sich zu.

So entsteht ein Teufelskreis und es wird immer schwieriger, diesen zu durchbrechen. Die Gesprächspartner lassen sich von ihren unangemessenen Gefühlen leiten und bringen diese sowohl verbal als auch nonverbal (Mimik, Gestik, Körperhaltung, Stimme) zum Ausdruck. So schaukeln sie sich gegenseitig immer weiter hoch.

Die systemische Komponente der Interaktion

Wie Albert Ellis aufgezeigt hat, gilt es innerhalb von Beziehungsgeflechten – zum Beispiel einer Familie – nicht nur die jeweils individuellen ABCs der Familienmitglieder, sondern etwa auch ABCs des gesamten Familiensystems zu berücksichtigen. So wie beispielsweise ein Geschäftsunternehmen zwar aus Individuen besteht, aber zugleich ein System bildet, das eigenen Gesetzen folgt und eine eigene Identität ausbildet, so hat auch ein Paar beziehungsweise eine Familie seinerseits/ihrerseits

- Ziele,
- Aktivierende Ereignisse (A), die diese Ziele blockieren können,
- Regeln und Einstellungen (B) sowie
- Konsequenzen (C) in Bezug auf A, B und C.

Alle Mitglieder des Systems werden also nicht nur von den Zielen und ABCs der jeweils anderen beeinflusst, sondern auch von den Zielen und ABCs des gesamten Systems und umgekehrt. Diese interaktiven Zusammenhänge können (vor allem, wenn das System aus drei oder mehr Mitgliedern besteht) hochkomplex sein. Exakt zu bestimmen, warum oder wie jedes Mitglied des Systems sich auf bestimmte Weise verhält und kommuniziert und welche Ursache destruktive Störungen innerhalb der Kommunikation haben, ist nicht einfach.

Es kann in diesem Zusammenhang sinnvoll sein, einen erfahrenen Familientherapeuten hinzuzuziehen. Er wird sowohl den einzelnen Familienmitgliedern als auch dem „System Familie" helfen können, die Ursachen für eine schlechte Kommunikation innerhalb des Systems auszumachen.

Im Rahmen des Buches kann der systemische Blickwinkel leider nicht erschöpfend dargestellt werden. Stattdessen möchte ich in den folgenden Abschnitten darüber sprechen, wie man mithilfe der schon dargestellten Kommunikationstechniken bessere Ergebnisse in der Interaktion mit Personen erzielt, die problematische Kommunikationsmuster verwenden. Da das aktiv-aggressive und das passiv-aggressive Kommunikationsmuster am häufigsten vorkommen, sollen diese beiden uns als Beispiele dienen.

Das aktiv-aggressive Kommunikationsmuster

Merkmale des aktiv-aggressiven Kommunikationsmusters sind:

- Aggression/Gegenaggression
- Sarkasmus
- Herabsetzen der Person
- falsche Anschuldigung

Wenn wir mit Personen konfrontiert sind, die zu aggressiven Kommunikationsformen neigen, so haben wir häufig die Tendenz, auszuweichen beziehungsweise zu flüchten, anstatt der Aggression standzuhalten. Oder wir reagieren ebenfalls feindselig auf die aggressiven Äußerungen unseres Gegenübers.

Ziehen wir uns zurück und versuchen einer Konfrontation auszuweichen, so verstärken wir das aggressive Kommunikationsverhalten des anderen noch. Die Folge wird sein, dass unser Gesprächspartner uns gegenüber auch in Zukunft so auftreten wird[31]. Aus systemischem Blickwinkel betrachtet entsteht so ein Teufelskreis, in dem der aktiv-aggressive den selbstunsicheren

31 Diese Gesetzmäßigkeit des sogenannten operanten Konditionierens geht auf Burrhus Frederic Skinner zurück, einen der Begründer des Behaviorimus.

Stil hervorruft und umgekehrt. Dieses sich selbst erhaltende System bleibt tendenziell unverändert, bis es entweder „knallt“ und das System selbst aufgelöst wird (zum Beispiel indem der Partner, der die Opferrolle innehatte, den anderen verlässt) oder die Partner ihre Kommunikationsmuster verändern.

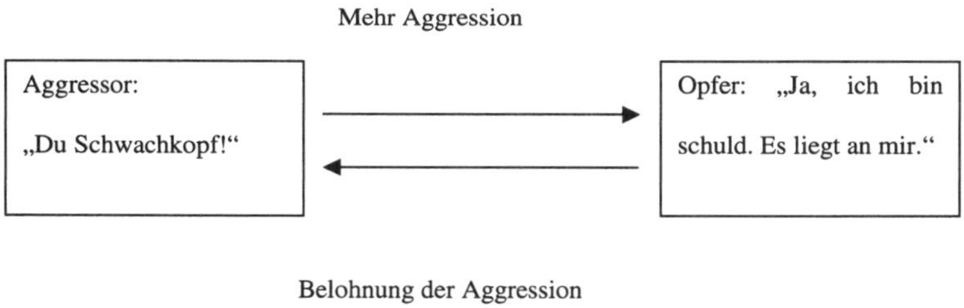

Reagieren wir jedoch aggressiv, riskieren wir, dass unser Gesprächspartner seinerseits mit Gegenaggression reagiert und der aktuelle Konflikt verschärft wird. Es kommt vermutlich zu einer Eskalation der Feindseligkeiten, und aus verbalen werden tendenziell handfeste Aggressionen. Was also ist zu tun?

Erster Schritt: Erkennen und Korrigieren möglicher selbstschädigender Selbstkommunikation

Mit einer wichtigen These dieses Buches sind Sie inzwischen gut vertraut. Diese fußt auf der Erfahrung, dass wir unsere kommunikativen Fähigkeiten selten effektiv verbessern, solange wir nicht zuvor unsere hinderliche Selbstkommunikation entdeckt, überprüft und verändert haben. So erschwert es zum Beispiel häufig eine Mixtur aus Minderwertigkeitsgefühl, Selbstunsicherheit und mangelnder Selbstachtung, dass wir unsere persönlichen Rechte gegenüber einer aggressiven Person wahren können. Verantwortlich ist in der Regel die zentrale selbstschädigende Botschaft an uns selbst:

„Ich bin ein Versager."
„Ich bin nichts wert."

Sie haben bereits erfahren, wie Sie eine solch schädliche Selbstkommunikation verändern können. Hilfreich kann auch hier wieder eine Tabelle sein:

Hinderliche Selbstkommunikation	*Falsch, denn es handelt sich dabei um …*	*Zielführende Selbstkommunikation*
„Ich mache alles falsch."	… eine unzulässige Verallgemeinerung.	„Ich mache viele Dinge richtig, viele falsch! Wie alle Menschen!"
„Ich kann mich nicht wehren."	… eine ungeprüfte Aussage.	„Ich habe mich bestimmt schon einmal gewehrt. Selbst wenn nicht, ich könnte es lernen und jetzt damit beginnen!"
„Ich verdiene diese Behandlung."	… Selbstbestrafung.	„So ein Quatsch! Ich sollte damit beginnen, meine eigenen Rechte zu wahren."
„Es besteht keine Hoffnung auf Besserung."	… magisches Weissagen.	„Unsinn! Die Hoffnung stirbt zuletzt!"
„Ich bin ein Verlierer."	… eine pauschale Abwertung.	„Fehlerhaftes Handeln macht niemanden zu einem Verlierer! Alle Menschen machen Fehler, sind aber keine Fehler!"

Kommunikationstraining – Vermeiden Sie aggressive Äußerungen

Vielleicht neigen Sie aber auch dazu, schnell auf 180 zu sein, und kontern aggressive Äußerungen, indem Sie verbal zurückschlagen. Schauen Sie sich die selbstschädigenden Botschaften in der linken Spalte an. Kommen Ihnen diese bekannt vor? Ergänzen Sie die Tabelle!

Hinderliche Selbstkommunikation	*Falsch, denn es handelt sich dabei um …*	*Zielführende Selbstkommunikation*
„Er darf mich nicht anschreien!“		
„Auf einen groben Klotz gehört ein grober Keil! Wenn er schreit, ist es nur gut und natürlich, auch zurückzuschreien.“		
„Wer so unfair und aggressiv ist, dem muss man es zeigen!“		
„Es ist unerträglich, mit so jemandem zu sprechen. Ich lass ihn einfach stehen!“		

Auflösung

Hinderliche Selbstkommunikation	*Falsch, denn es handelt sich dabei um …*	*Zielführende Selbstkommunikation*
„Er darf mich nicht anschreien!“	… eine irrationale Muss-Botschaft.	„Es ist nicht schön, wenn er mich anschreit. Aber es ist absurd, wenn ich aus meinen Wünschen absolute Forderungen mache!“
„Auf einen groben Klotz gehört ein grober Keil! Wenn er schreit, ist es nur gut und natürlich, auch zurückzuschreien.“	… Gegenaggression, mit der man auf die Aggression reagiert. Das bedeutet, „den Teufel mit dem Beelzebub auszutreiben“.	„Selbst aggressiv zu werden hilft mir nicht weiter! Ich werde mein Kommunikationsverhalten optimieren und so Einfluss nehmen!“
„Wer so unfair und aggressiv ist, dem muss man es zeigen!“	… den Wunsch, den anderen zu bestrafen, als Folge pauschalen Abwertens: „Böse Menschen müssen bestraft werden!“	„Ich mag es nicht, unfair und aggressiv behandelt zu werden. Ich werde versuchen, ihn zu veranlassen, sich in Zukunft zu ändern. Eine schlechte Tat macht noch keinen schlechten Menschen.“
„Es ist unerträglich, mit so jemandem zu sprechen. Ich lass ihn einfach stehen!“	… eine irrationale Ich-kann-es-nicht-aushalten-Botschaft.	„Natürlich ist es auszuhalten, auch wenn ich die Situation nicht angenehm finde.“

Zweiter Schritt: Optimierte Kommunikationstechniken einsetzen

Verabredungen pflegt Peter stets pünktlich einzuhalten. Meist kommt er zum Treffpunkt sogar überpünktlich, etwa

fünf bis zehn Minuten zu früh. Sein bester Freund hingegen nimmt es mit der Zeit nie so genau. Diesmal sind sie zu einem Theaterbesuch für 19.15 Uhr verabredet – die Vorstellung beginnt erst um 19.30 Uhr. Peter wartet seit 19.05 Uhr im Foyer. Sein Freund erscheint erst um 19.20 Uhr. Peter fährt ihn sofort grußlos an:
„Sag mal, ich habe es wirklich satt mit dir! Immer kommst du zu spät. Es macht dir wohl Spaß, dass ich immer stundenlang warten muss, bis der Herr geruht zu erscheinen. Du bist so ein rücksichtsloser Egoist – es ist nicht auszuhalten."

Peters Äußerung ist äußerst aggressiv. Er beschimpft seinen Freund höhnisch, seine Worte sind anschuldigend und herabsetzend. Er scheint kurz davor zu sein, die Freundschaft aufzukündigen – seine Reaktion ist eindeutig überzogen.

Viele Menschen würden in einer ähnlichen Konfrontation ihrerseits mit Ärger und Wut reagieren oder sich verteidigen. Leicht kann es dann zur Eskalation kommen, und am Ende steht eine zerbrochene oder zumindest arg beschädigte Freundschaft.

Kommunikationstraining – Wie begegne ich einem streitlustigen Freund?

Übernehmen Sie die Rolle des Freundes. Formulieren Sie zunächst eine Botschaft an sich selbst, mit der Sie angemessene Gefühle herbeiführen. Verdruss, Irritation und milder Ärger könnten Sie beispielsweise motivieren, eine Kommunikationsstrategie zu entwickeln, die einer Eskalation vorbeugt. Wut oder starker Ärger werden hingegen eher kontraproduktiv sein.

....

....

....

....

....

Bevor Sie weiterlesen, vergleichen Sie die von Ihnen formulierte Botschaft mit meinem Vorschlag.

Auflösung
Wenn Peters Freund folgende Botschaft an sich selbst richtet, wird er wahrscheinlich nur ein wenig ärgerlich, irritiert und enttäuscht reagieren:

> „Peter denkt in dieser Hinsicht ganz anders als ich, er macht sich selbst wütend. Wahrscheinlich fordert er, dass ich superpünktlich sein *muss*. Deshalb reagiert er so feindselig und beschimpft mich. Das ist nicht schön, aber keine Katastrophe. Ich kann das ertragen, auch wenn ich es nicht mag. Ich verurteile ihn deshalb nicht als Person. Er *ist* kein Ekel, sondern *verhält* sich allenfalls im Moment eklig. Ich bin irritiert (neues angemessenes Gefühl, motiviert zu zielführendem Verhalten) über das Geschehen und werde daher versuchen, die Sache aus meiner Sicht zu schildern. Mein Ziel ist es, die Freundschaft nicht zu trüben und dennoch zu sagen, was ich an Peters Verhalten nicht gut finde."

Kommunikationstraining – Mit den richtigen Kommunikationstechniken einen Streit verhindern

Techniken für eine gute Kommunikation haben Sie bereits kennengelernt (Seite 179 ff.).

Formulieren Sie nun unter Verwendung dieser Techniken eine Entgegnung auf die Anschuldigungen Ihres Freundes. Versuchen Sie, darin alle Kommunikationstechniken, die Sie kennengelernt haben, zu berücksichtigen.

Signalisieren Sie Wertschätzung:

. . . .

Beschreiben Sie das Verhalten der anderen Person möglichst objektiv:

. . . .

Spiegeln Sie das wesentliche Gefühl des anderen wider (Gefühlsempathie):

. . . .

Spiegeln Sie den Inhalt seiner Worte (Gedankenempathie):

. . . .

Nehmen Sie Ihrem Gegenüber den Wind aus den Segeln:

. . . .

Spiegeln Sie ein weiteres Gefühl des anderen (Gefühlsempathie):

. . . .

Vielleicht möchten Sie nachfragen:

....

Beschreiben Sie Ihre eigenen Gefühle in dieser Situation:

....

Beschreiben Sie die nachteiligen Effekte des Verhaltens Ihres Gesprächspartners:

....

Teilen Sie Ihren Wunsch nach Änderung mit:

....

Auflösung

Wertschätzung signalisieren

„Guten Abend, Peter. Du weißt, wie gerne ich mit dir etwas unternehme."

Kommentar: Ich würde die Begrüßungsformel ganz besonders betonen und auch Peters Namen aussprechen, eventuell nonverbal verstärkt durch eine Berührung am Arm. Beachten Sie das Timing: Beginnen Sie mit dieser Technik!

Objektive Beschreibung des Verhaltens der anderen Person

„Das ist aber ein scharfer Ton."

Kommentar: Besser als „Du hast aber einen scharfen Ton". Du-Botschaften sollten Sie vermeiden. Möglich wäre auch, auf den Inhalt von Peters Äußerung Bezug zu nehmen: „Das hört sich an, als wolltest du mir die Freundschaft aufkündigen."

Gefühlsempathie

„Das zeigt mir, dass du wütend auf mich bist."

Kommentar: Sehr künstlich, gönnerhaft und sogar herabsetzend wäre hingegen: „Da ist aber jemand wütend auf mich".

Gedankenempathie

„Wahrscheinlich, weil ich wieder zu spät gekommen bin."

Den Wind aus den Segeln nehmen

„Das stimmt. Ich verspäte mich wirklich oft."

Gefühlsempathie

„Das ist sicher sehr unangenehm für dich."

Kommentar: Wenn Peters Wut auch unangemessen ist, so ist ein angemessenes Frustriertsein sehr wohl nachvollziehbar, wenn sein Freund oft zu spät kommt.

Nachfragen

„Ich hoffe, dass es nicht noch einen anderen Grund für deinen Ärger gibt, oder?"

Kommentar: Eventuell sinnvoll, wenn es grundsätzliche Probleme in der Beziehung gibt oder diese vermutet werden können. Dieser Punkt kann ansonsten auch vernachlässigt werden, da der Grund für die wütende Äußerung klar ersichtlich ist.

Eigene Gefühle

> „Ich bin jetzt auch ziemlich betroffen."

Nachteilige Effekte des Verhaltens der anderen Person

> „Das kann uns beiden (!) leicht den schönen Abend verderben."

Wunsch nach Veränderung

> „Deshalb wünsche ich mir, dass wir das schnell bereinigen können."

Möglicherweise haben Sie bei Ihrem Vorschlag nicht für alle Kommunikationstechniken eine passende Formulierung gefunden. Das ist auch in Ordnung. Mindestens aber sollten Sie Wertschätzung signalisieren, Gefühle und Gedanken des Gegenübers widerspiegeln und dem anderen, der sichtlich verärgert ist, den Wind aus den Segeln nehmen:

> „Guten Abend Peter. Schön dich zu sehen. Du bist wütend auf mich. Du hast ja recht: Ich bin schon wieder zu spät."

Und wieso sich nicht rechtfertigen? Warum nichts dazu sagen, dass die Verspätung nur fünf Minuten betrug? Warum nicht ansprechen, ob der andere wirklich eine lange und gute Freundschaft aufs Spiel setzten möchte, nur weil er manchmal auf seinen Freund warten muss?

Die Antwort darauf gab schon Epiktet. Denken Sie an seinen Ausspruch, den ich bereits zitiert habe: „Wenn dir jemand erzählt, dass der oder dieser dir Böses nachrede, so verteidige dich nicht gegen das, was man über dich sagte, sondern antworte: ‚Die andern mir anklebenden Fehler wusste er nicht, sonst hätte er nicht bloß diese angeführt.'" Wenn wir gegenüber unserem Gesprächspartner zu erkennen geben, dass wir bereit sind, in der vielleicht noch so übertrieben und aggressiv formulierten kritischen Bemerkung ein Körnchen Wahrheit anzuerkennen, dann wird er uns eher zuhören und sich beruhigen.

Widerstehen Sie also der Versuchung, eine Diskussion darüber zu beginnen, wer recht hat. Ihr Ziel ist es nicht, dem anderen zu zeigen, was er falsch macht. Wenn Sie das wollen, schenken Sie ihm dieses Buch zum nächsten Geburtstag. Ihr Ziel in einer entsprechenden Situation sollte doch viel eher sein, eine aggressive Bemerkung auszubremsen und einen schönen gemeinsamen Abend zu verleben.

Das passiv-aggressive Kommunikationsmuster

Merkmale des passiv-aggressiven Kommunikationsmusters sind:

- Passive Aggression
- Leugnen
- Zweideutige Botschaften

In einem solchen Gespräch lautet die Botschaft oft: „Ich beende unser Gespräch. Ich kommuniziere nicht mehr mit dir." Diese wird nicht selten nonverbal übermittelt, etwa wenn der Partner aus dem Zimmer stürmt und die Tür hinter sich zuschlägt oder hartnäckig schweigt. Eine andere (zweideutige) Botschaft lautet: „Ich bin nicht wütend, nicht frustriert, nicht ärgerlich, nicht betroffen ..." – obwohl das natürlich nicht stimmt, was dem Gesprächspartner auch deutlich anzumerken ist.

Es macht in solchen Situationen meist wenig Sinn, wenn Sie das Offensichtliche erfragen: „Was hast du denn?" oder das Gegenteil von dem fordern, was die Botschaft besagt: „Du kannst doch jetzt nicht gehen! Wir müssen darüber sprechen."

Wenn wir nach der Motivation für das passiv-aggressive Kommunikationsverhalten suchen, werden wir schnell fündig. Der Gesprächspartner bringt Ihnen in dieser Situation vermutlich feindselige Gefühle entgegen. Aber wieso führen diese nicht zu einer offenen aggressiven Äußerung? Gibt es eine gegenläufige Motivation? Betrachten Sie die folgenden zwei ABCs.

ABC-Analyse: Wut

Aktivierendes Ereignis: zum Beispiel eine unfaire Behandlung

Botschaft an sich selbst: „Wie unfair! So darf man mich nicht kritisieren."

eC – Gefühlskonsequenz: feindselige Gefühle, Wut

bC – Verhaltenskonsequenz: tendenziell aggressives Verhalten

Der Gesprächspartner empfindet aber wahrscheinlich nicht nur Wut, sondern auch Angst – und diese Angst wirkt gleichzeitig blockierend:

ABC-Analyse: Angst

Aktivierendes Ereignis: Wut und die Tendenz, aggressiv zu reagieren (C). Zudem wird befürchtet, der Partner könnte ebenfalls wütend oder vielleicht ablehnend reagieren.

Botschaft an sich selbst: „Ein Konflikt wäre *furchtbar*. Ich *darf nicht* abgelehnt werden."

eC – Gefühlskonsequenz: Angst (Scheu vor Konflikten)

bC – Verhaltenskonsequenz: Vermeidungsverhalten, aggressives Verhalten wird unterdrückt

Die Folge ist, dass sich die Person dem Gespräch verweigert und die eigenen aggressiven Gefühle verleugnet.

Wie reagiert man auf ein passiv-aggressives Kommunikationsmuster?

Bestehen Sie keinesfalls auf der sofortigen Fortsetzung des Gesprächs. Wenn Ihr Gesprächspartner das Zimmer verlassen hat, gehen Sie ihm nicht nach. Warten Sie ab, bis er wiederkommt.

Versuchen Sie dann, die Gefühle und Gedanken des anderen zu erfassen und widerzuspiegeln: „Du magst nicht mit mir reden (Paraphrase der verbalen/nonverbalen Botschaft: „Ich will nicht reden, weil du dich über meine Kritik ärgerst" (Gefühlsspiegelung). Das wirkt beruhigend.

Fahren Sie anschließend fort, indem Sie *nachfragen*: „Ist es das? Oder gibt es da noch etwas anderes, worüber du dich ärgerst und von dem ich nichts weiß?"

Häufig wird der Partner zunächst weiter sehr distanziert bleiben und eine unfreundliche oder kritische Bemerkung machen. Beispielsweise: „Du weißt ja auch immer alles besser" oder „Du redest einen in Grund und Boden, was soll ich da noch sagen?" Das ist exakt das, was Sie brauchen: Jetzt haben Sie nämlich eine gute Gelegenheit, das Körnchen Wahrheit herauszufiltern und Ihrem Gegenüber den Wind aus den Segeln zu nehmen: „Ja, ich weiß. Das ist ein alter Fehler von mir." Oder: „Stimmt. Ich scheine dich mit meiner Meinung zu überrollen."

Verweigert der Partner nach wie vor ein Gespräch, wiederholen Sie die ganze Prozedur. Drängen Sie nicht und setzen Sie bei nächster Gelegenheit erneut diese Kommunikationstechniken ein. Mit der Zeit wird Ihrem Gesprächspartner bewusst werden, dass Sie sich um ein konstruktives Gespräch bemühen, bereit sind, ihm zuzuhören und eigene Fehler einzugestehen.

Einige Ratschläge zum Schluss

Im Laufe der Lektüre dieses Buches sind Ihnen – wie ich hoffe – zwei Aspekte bewusst geworden. Zum einen ist eine gute Kommunikation, insbesondere in der Form eines Gesprächs mit anderen Menschen, ein bedeutsames Mittel, seine Hauptlebensziele zu fördern. Zum anderen genügt das Wissen um Kommunikationstechniken und Gesprächsstrategien alleine nicht. Denn entscheidend dafür, ob Sie die gelernten Kommunikationsstrategien auch in der Praxis umsetzen können, sind die Gefühle – und diese erzeugen Sie buchstäblich selbst. Wie Sie Ihre Gefühle in eine gesunde Richtung beeinflussen können, zeigen die Methoden der Rational Emotiven Verhaltenstherapie. Diese umzusetzen, ist in der Praxis nicht ganz einfach und erfordert viel Übung und Energie (das *Formular zur Kommunikationsanalyse* im Anhang, Seite 228, wird Ihnen dabei helfen).

Theoretisch ist es einfach, seine Gefühle mithilfe eines realistischen und konstruktiven inneren Selbstgesprächs in den Griff zu bekommen. In der konkreten Auseinandersetzung mit einem Gesprächspartner werden Sie aber noch oft erleben, wie zum Beispiel starker Ärger Sie überreagieren lässt und wie Sie damit genau das Gegenteil von dem erreichen, was Sie eigentlich wollten. Aber lassen Sie sich dadurch nicht entmutigen. Sie werden Fortschritte machen, und Anzahl, Dauer und Heftigkeit Ihrer unangemessenen Gefühlsreaktionen werden sich verringern. Oder ist es etwa kein Fortschritt, wenn Sie nicht mehr wöchentlich, sondern nur noch einmal im Monat explodieren? Oder wenn Sie es schaffen, nach wenigen Minuten innezuhalten, sich für Ihre aggressive Äußerung zu entschuldigen und Ihrem Gesprächspartner den Wind aus den Segeln zu nehmen, indem Sie bekennen, dass er ja (auch) recht hat.

Auf der anderen Seite wird die Arbeit an Ihren Gefühlen aber nicht nur zur Verbesserung Ihrer Kommunikationsfähigkeiten beitragen, sondern Ihnen auch in anderen Lebensbereichen nützliche Dienste erweisen und Ihnen insgesamt zu einer neuen Lebensphilosophie verhelfen – einer Lebensphilosophie im Dienste sowohl individuellen Gefühlsstrebens sowie sozialen Interesses. Mit den Worten Epiktets:

Jedes Wesen ist so geschaffen, dass es um seiner selbst willen alles tut. Und so hat es auch die Natur des Vernunftwesens eingerichtet, dass keines seiner ihm eigentümlichen Güter teilhaftig werden kann, ohne zugleich auch zum allgemeinen Nutzen beizutragen.

Anhang

Formular zur Kommunikationsanalyse

Z Welches Wunschziel/Lebensziel?

A Gesprächssituation:

iB irrationale, selbstschädigende Botschaft an mich selbst Muss-Botschaften? Katastrophen-Botschaften? Personabwertungen?	? Disput: Hilfreich? Wahr? D ?	**rB** hilfreiche, rationale Botschaft an mich selbst

(ueC) Unangemessenes Gefühl:

(führt tendenziell zu)

Schlechtes Kommunikationsverhalten:
(evtl. Merkmalliste zu Hilfe nehmen)

(aeC) Angemessenes Gefühl:

(führt tendenziell zu)

Zielführendes Kommunikationsverhalten:
(= im Dienste meiner übergeordneten Wunsch-/Lebensziele)

Erläuterungen zum *Formular zur Kommunikationsanalyse*

Aktivierendes Ereignis/die Gesprächssituation

- Sie wollen über Kommunikation etwas erreichen …
- Sie sind konfrontiert mit einem schwierigen Gesprächspartner …
- Jemand sagt zu Ihnen …

iB – irrationale, selbstschädigende Botschaft an sich selbst

- Muss-Botschaften (*muss*, *darf nicht* statt *mögen, wollen, wünschen*)
- Katastrophen-Botschaften („Nichts ist schlimmer als das!“)
- Statt eines konkreten Verhaltens wird die Person (die eigene oder eine andere) pauschal bewertet
- Grob realitätsverzerrende Botschaften (*nie, immer …*)

rB – neue hilfreiche (rationale) Botschaften an sich selbst

- Ich *mag … , wünsche* bzw. *mag nicht …*
- Das ist für mich *unangenehm, negativ, nachteilig …*
- Das konkrete Verhalten ist schlecht/negativ (in Bezug auf die eigenen Ziele), aber nicht die Person selbst.
- Realitätskonforme Botschaften (*manchmal, oft …*)

ueC – unangemessene Gefühle als Konsequenz

Gefühle wie Angst, Wut, Ärger, Depression, Selbstmitleid, Schuldgefühl. Aus solchen und ähnlichen Gefühlen resultiert oft selbstschädigendes Kommunikationsverhalten.

aeC – angemessene Gefühle als Konsequenz

Unangenehme, aber dennoch zielführende und motivierende Gefühle sind etwa Besorgnis, Verdruss, Enttäuschung, Trauer, Bedauern. Solche Gefühle unterstützen kommunikatives Verhalten im Dienst der Wunsch- und Lebensziele.

Die zehn wichtigsten selbstschädigenden Botschaften[32]

Im Folgenden liste ich Ihnen die selbstschädigenden Botschaften auf, die wir wohl am häufigsten an uns selbst richten. Mit Sicherheit kennen Sie diese auch aus Ihrer eigenen Selbstkommunikation. Im Anschluss formuliere ich Ihnen alternative „gesunde" Botschaften, die die alten selbstschädigenden ersetzen können.

Selbstschädigende Botschaft Nr.1
„Es ist für mich absolut notwendig, dass mich praktisch alle Leute in meinem Umfeld schätzen und anerkennen. Ich darf nichts sagen oder tun, was meine Gesprächspartner veranlassen könnte, mich zurückzuweisen oder abzulehnen."
(Die alternative Botschaft hierzu lesen Sie auf Seite 128 f.)

Selbstschädigende Botschaft Nr. 2
„Ich muss bei allen Aufgaben, die sich mir stellen, kompetent, erfolgreich und leistungsfähig sein. Nur dann kann ich mich als wertvoll empfinden."
(Die alternative Botschaft hierzu lesen Sie auf Seite 143.)

Selbstschädigende Botschaft Nr. 3
„Wenn Menschen – ich selbst eingeschlossen – falsch oder ungerecht handeln oder sonst irgendetwas Schlechtes tun, sind sie böse Menschen, und dann müssen sie dafür streng bestraft werden (sonst tun sie es wieder)."

32 Entsprechend den Irrational Beliefs nach Albert Ellis.

„Wir sind alle nur sterbliche menschliche Wesen und nicht perfekt. Wir sind von Natur aus Fehler-Macher. Also wird jeder Mensch, den ich kenne (einschließlich meiner selbst), unweigerlich Fehler machen beziehungsweise falsch handeln. Wenn ich nun fordere, dass die Menschen (und ich selbst) für ihr falsches Verhalten bestraft werden müssten, werde ich häufig Ärger über andere oder mich selbst verspüren – im letzteren Fall auch Schuldgefühle und Depressionen.

Diese Gefühle sich selbst beziehungsweise anderen gegenüber können die Fehler sicherlich nicht korrigieren, denn diese sind ja bereits geschehen. Menschen zu verurteilen trägt nicht dazu bei, dass diese Menschen lernen, in Zukunft ähnliche Fehler zu vermeiden!

Noch grundsätzlicher: Als ich etwas tat, was sich später als Fehler erwies, schien es mir nicht zu der Zeit, als ich es tat, das Richtige zu sein? Ist es nicht so, dass ich zu der Zeit, als ich handelte, deshalb so handelte, weil die Bedingungen mein Handeln richtig erscheinen ließen (abgesehen davon, dass ich die Konsequenzen für später falsch einschätzte)? Also heißt das: Wir machen keine Fehler! Wir treffen Entscheidungen mit Konsequenzen für andere oder uns selbst. Es ist gut, nun über Wege nachzudenken, wie ich mit den vielleicht nicht gerade vorteilhaften Konsequenzen umgehen kann – Wiedergutmachung, den Schaden reparieren, Ersatz leisten, sich entschuldigen etc. Auch kann ich meine Entscheidungsfähigkeit verbessern, sodass ich in Zukunft in ähnlichen Situationen in der Lage sein werde, andere Entscheidungen zu treffen, die mit geringerer Wahrscheinlichkeit schlechte Ergebnisse bringen. Wenn ich mich aber nur damit befasse, mich zu verurteilen für meine Entscheidungen, die nun einmal zu schlechten Konsequenzen geführt haben – kann ich mich dann noch vernünftig mit einer Verbesserung meiner Entscheidungsfähigkeit befassen?

Wenn Menschen schlecht oder unmoralisch handeln, dann liegt das häufig daran, dass Sie es nicht besser wissen, oder vielleicht auch daran, dass sie psychische Probleme haben. Es ist also unlogisch, wenn ich sage: Sie haben diese schlechte Tat begangen, sie sind daher völlig schlechte Menschen, die es verdienen, streng bestraft zu werden. Eine schlechte Tat macht noch keinen schlechten Menschen. Es ist daher sinnvoller zu sagen: Sie haben nun einmal schlecht gehandelt. Ich werde daher mein Bestes tun, um sie zu veranlassen, nicht wieder so zu handeln. Oder in meinem Fall: Ich habe schlecht gehandelt. Ich werde mich bemühen, nicht wieder so zu handeln."

Selbstschädigende Botschaft Nr. 4
„Wenn die Dinge nicht so laufen, wie ich es mir wünsche, ist das entsetzlich und katastrophal."

„Mit dieser Einstellung werde ich wahrscheinlich sehr oft außer Fassung geraten, da die Dinge in unserer unperfekten Welt oft falsch laufen. Autos gehen kaputt, weil sie alt sind oder schlecht hergestellt wurden, was auf die menschliche Unvollkommenheit zurückzuführen ist. Das Wetter spielt nicht mit, es regnet an meinem freien Tag und so weiter. Die anderen Menschen sind oft unhöflich, unüberlegt, verletzend, unfair, selbstsüchtig, langweilig, unfreundlich, egoistisch, lieblos ... Und wenn ich dann tatsächlich glaube, dass alles entsetzlich und katastrophal ist, dann ist es kein Wunder, wenn ich häufig aus der Fassung gerate.

Also: Je schneller ich akzeptiere, dass meine Welt und meine Mitmenschen alles andere als perfekt sind, um so eher werde ich meine Fassung wahren können.

Eines ist sicher: Die Dinge werden auch in Zukunft oft falsch laufen! Meine Forderung, dass es so nicht sein sollte, wird mich weder zufriedener machen noch mir helfen, mich auf die Probleme einzustellen, die unweigerlich auf mich zukommen. Meine Forderung, dass die Dinge anders laufen sollten, als sie es tun, hilft mir nicht, mit der Realität zurecht zu kommen. Mehr noch: Es gibt keinerlei Anzeichen dafür, dass die Dinge anders sein müssten, als sie es eben sind – egal wie unerfreulich oder unangenehm sie mir erscheinen.

Ich werde mir deshalb bewusst machen, wie unsinnig es ist, unvermeidliche negative Situationen zu Katastrophen aufzubauschen und mir einzureden: Oh Gott! Wie schrecklich ist diese Situation – ich kann sie unmöglich ertragen! Ich werde meinen Hang, überall Katastrophen zu wittern, infrage stellen und bekämpfen. Ich werde meine Botschaften an mich selbst folgendermaßen abändern: Es ist bedauerlich, dass die Umstände so frustrierend sind, aber das bringt mich nicht um. Ich bin imstande, unter diesen unerfreulichen, aber nicht katastrophalen Umständen zu leben!

Auch werde ich versuchen zu unterscheiden, ob frustrierende oder schmerzhafte Situationen objektiv schlecht sind oder ob ich mir das bloß einbilde beziehungsweise stark übertreibe. Wenn ich zu dem Ergebnis gelange, dass bestimmte Zustände objektiv abzulehnen sind, dann werde ich dieser Tatsache ruhig ins Auge sehen und mich um die Veränderung dieser Zustände bemühen. Ist es mir aber gegenwärtig unmöglich, die genannten Zustände zu verändern oder zu beseitigen, werde ich lernen, sie zu akzeptieren beziehungsweise mich mit ihnen abzufinden.

Ich versuche also, die Realität zu akzeptieren und – wenn möglich – die Dinge für die Zukunft zu verbessern! Ich werde mir ernsthaft vornehmen, alle Frustrationen als Herausforderungen zu begreifen, als Teil des Lebens. Es ist viel besser, Frustrationen als Probleme zu verstehen, für die man eine Lösung finden kann, als sich von ihnen aus der Fassung bringen zu lassen."

Selbstschädigende Botschaft Nr. 5
„Meine Gefühle kann ich mir nicht aussuchen, denn sie sind die Folge äußerer Ereignisse. Ich muss mich so fühlen, wie ich mich fühle, weil die Welt so ist, wie sie ist."

„Diese Ansicht ist unbegründet. Wenn wir beispielsweise aufgeregt sind, lassen sich etliche Veränderungen in unserem Körper feststellen. Zum Beispiel erhöht sich unsere Herzschlagrate, Verdauungsprozesse verlangsamen sich, periphere Blutgefäße verengen sich, Pupillen erweitern sich, vermehrtes Schwitzen tritt auf, die Atmung beschleunigt sich – um nur einige körperliche Reaktionen zu nennen. Glauben Sie wirklich, dass diese Veränderungen unmittelbar, zum Beispiel von der verletzenden Äußerung einer anderen Person, verursacht werden? Oder weil jemand erklärt, er wolle mit Ihnen nichts zu tun haben? Oder weil etwas geschieht, wovon Sie glauben, es dürfe nicht geschehen?

Der antike Philosoph Epiktet hatte recht, als er schon vor nahezu 2000 Jahren sagte: ‚Nicht die Dinge selbst beunruhigen die Menschen, sondern ihre Urteile und Meinungen über sie.' Unser heutiges Wissen über die Entstehungsgründe emotionaler Erregung unterstützt diese Ansicht. Die Ursache für Gefühle liegt in unserem eigenen Gehirn – vor allem im kognitiven beziehungsweise denkenden Teil unseres Gehirns. Wenn wir vernünftige, rationale Gedanken haben, die die Realität richtig widerspiegeln, dann geraten wir emotional weniger aus der Fassung. Wenn wir aber unvernünftig und selbstschädigend die Wirklichkeit leugnen, dann beeinträchtigt uns das auch emotional stark.

Diesen Zusammenhang zwischen Denken und Körperreaktionen zu verstehen, ist fundamental, wenn wir emotionale Probleme verringern möchten. Ist es nicht eigentlich gut, dass wir über unsere Gefühle und unser Verhalten Kontrolle ausüben können? Wir wären sonst hilflose Opfer der gleichermaßen unkontrollierten Gefühle und Verhaltensweisen anderer! Hilflose Opfer von hilflosen Opfern!“

Selbstschädigende Botschaft Nr. 6
„Wenn eine Gefahr droht, muss ich mir große Sorgen machen und mich intensiv mit der Möglichkeit ihres Eintretens befassen.“

„Mit dieser Annahme sind Sie nicht allein. Viele Leute meinen, sie müssten sich über potenzielle Gefahren oder Probleme ständig Sorgen machen. Ist es aber tatsächlich so, dass man auf diese Weise mögliche Unglücksfälle verhindern kann? Sicher! Steigern Sie sich nur in die Angst hinein! Machen Sie sich schon im Vorfeld einer Präsentation verrückt, weil Sie sich eventuell vor Ihrem Publikum lächerlich machen könnten. Das wird Sie bestimmt beruhigen und Ihnen helfen, nicht lächerlich zu erscheinen! Ängstigen und sorgen Sie sich, dass jemand in Ihr Heim einbricht und Sie vielleicht verletzt! Das wird den Einbrecher sicher fernhalten. Oder? Nein, ganz sicher nicht! Solche Gedanken werden Sie eher davon ablenken, klar zu denken, und Ihre Fähigkeiten, mit dem Problem umzugehen, werden dadurch nicht besser.

Manchmal vergrößert übermäßige Angst sogar die Wahrscheinlichkeit, dass ein Unglück tatsächlich eintritt. Beim Autofahren zum Beispiel kann große Nervosität zu einem Unfall führen.

Was könnten Sie anders machen? Sie könnten sich von der Richtigkeit des Arguments, dass es nicht hilft, sich ständig zu sorgen, überzeugen. Sie könnten überlegen, was Sie wirklich unternehmen würden, wenn ein bestimmtes, vermeintliches Unglück einträte. Wie würden Sie damit umgehen und damit leben?

Überlegen Sie, wie Sie einigen Dingen, vor denen Sie sich ängstigen, den Schrecken nehmen können. Sind sie wirklich so furchtbar? Sind sie wirklich total schlimm? Den Job verlieren oder eine Scheidung könnte zum Beispiel zu den besten Dingen gehören, die Ihnen je passieren: Sie könnten einen befriedigenderen Job finden oder einen Partner, der besser zu Ihnen passt. Könnten – nicht müssten! Was wir für ein schlechtes Ereignis halten, muss nicht unbedingt schlecht sein. Aber selbst wenn die Ereignisse schlimm sind, müssen wir sie nicht als furchtbar, schrecklich, entsetzlich definieren!"

Selbstschädigende Botschaft Nr. 7
„Das Leben ist leichter, wenn ich Schwierigkeiten aus dem Weg gehe und zuerst die angenehmen Dinge tue."

„Diese Botschaft kann zu ernsten Problemen führen. Unerfreuliche Dinge aufzuschieben, beseitigt sie nicht – sie werden Sie nur länger beschäftigen. Und manchmal werden sie noch unangenehmer, wenn man sie schließlich anpackt.

Scheinbar ist das Leben leichter, wenn wir Unerfreuliches wegschieben. In Wirklichkeit handelt es sich aber nur um augenblickliche Erleichterung. Manchmal ist der Aufwand beträchtlich, den es bedarf, um schwierige Aufgaben oder Entscheidungen zu umgehen. Eine Menge Zeit kann man zudem vergeuden, indem man sich selbst dafür bestraft oder endlos mit sich selbst diskutiert. Beispiel: Sie leiden weiter unter einem unausgesprochenen Problem im Büro, weil Sie ein klärendes Gespräch scheuen und immer wieder aufschieben. Das Problem wird immer größer, und dieses anzusprechen, wird immer unangenehmer.

Ein Leben ohne Sorgen und Mühen klingt für viele Leute verlockend: Nichts tun, nur in der Sonne liegen … Aber: Tatsächliche Erfahrungen mit einem solchen Lebensstil und Überlegungen dazu, was uns wirklich zufrieden macht, führen zu dem Schluss, dass die Menschen nicht dann am zufriedensten sind, wenn sie nichts zu tun haben, sondern wenn sie Ziele verfolgen und an ihrer Verwirklichung arbeiten.

Oft ist es empfehlenswert, die nötigen Dinge zu tun, ohne zu klagen und ohne zu zögern – egal, wie wenig Sie sie mögen. Gleichzeitig können Sie überlegen, wie Sie die wirklich unnötigen Schwierigkeiten im Leben vermeiden. Wenn Sie notwendige, unangenehme Aufgaben angehen, sollten Sie sich im Anschluss immer auch mit angenehmen Dingen belohnen. So wird es auch leichter sein, das Schöne im Leben zu genießen, und die Freude daran wird nicht durch unerledigte und unangenehme Aufgaben getrübt.

Häufig ist der scheinbar leichte Weg in Wirklichkeit der schwerere!"

Selbstschädigende Botschaft Nr. 8
„Ich brauche jemanden, der stärker ist als ich und auf den ich mich stützen kann!"

„Zweifelsohne kann niemand in unserer komplexen Welt wirklich völlig unabhängig sein. Dazu sind wir zum Beispiel viel zu sehr von der Arbeitsteilung abhängig. Aber das ist kein Grund, unsere Abhängigkeit von anderen noch zu erhöhen, indem wir meinen, wir seien zu schwach, um eigene Entscheidungen zu treffen oder unsere eigene Meinung zu haben.

Wenn Sie glauben, Sie müssten sich unbedingt auf jemanden stützen beziehungsweise Sie bräuchten jemanden, der Ihre Entscheidungen trägt, dann geben Sie Ihre Unabhängigkeit auf und tun nicht mehr das, was Sie wollen, sondern, was andere für richtig halten. Je mehr Sie sich auf andere stützen, umso weniger werden Sie aus Ihren Handlungen, aber auch aus Ihren Fehlern lernen können.

Sich zu sehr auf andere zu verlassen, damit Ihnen keine Fehler unterlaufen, für die Sie einzustehen haben, bedeutet, sich in falscher Sicherheit zu wiegen. Die einzige Sicherheit, die Sie haben können, besteht darin, dass Sie – egal, welche Fehler Sie machen – dadurch nicht zu einem fehlerhaften Menschen werden. Akzeptieren Sie Ihre Fehlbarkeit – dann werden Sie sich auch sicher fühlen.

Denken Sie auch einmal darüber nach, was wäre, wenn die Menschen, die Sie angeblich so sehr brauchen, sterben, Sie verlassen oder einfach aus Ihrem Leben verschwinden. Also, was könnten Sie tun? Auf Ihren eigenen beiden Beinen stehen! Entscheiden Sie sich für unabhängiges Denken und Handeln. Entwickeln Sie dabei alle Voraussicht und Einsicht, die nötig erscheint – und akzeptieren Sie dann Ihre Fehler. Akzeptieren Sie, dass Menschen hauptsächlich aus ihren Handlungen lernen, die manchmal von Erfolg, ein andermal von Misserfolg gekrönt sind. Machen Sie sich die Botschaft zu eigen, dass es niemals schrecklich oder entsetzlich ist, wenn man bestimmte Ziele verfehlt. Fehler haben nichts mit Ihrem Wert als Person zu tun.

Versuchen Sie zu erkennen, dass Sie in gewisser Weise in dieser Welt wirklich allein sind und es keine Katastrophe bedeutet, zu sich zu stehen, sein Leben allein zu bestimmen und verantwortlich zu sein für die eigenen Entscheidungen. Lassen Sie nicht davon ab, anzustreben, was Sie wollen, egal wie klein die Chancen auf Verwirklichung sein mögen. Akzeptieren Sie sich, auch wenn Sie einen Misserfolg erleiden. Versuchen Sie es mit der Lebensphilosophie: Besser etwas versuchen und scheitern als es gar nicht erst riskieren."

Selbstschädigende Botschaft Nr. 9
„Ich bin ein Produkt meiner Vergangenheit und kann nichts oder nur wenig tun, um die Auswirkungen der Vergangenheit zu überwinden. Ich bin, wie ich bin, und dagegen kann ich nichts tun. Es ist mir unmöglich, mich zu ändern."

„Auch diese Botschaft ist problematisch, weil sie die Wirklichkeit nicht richtig wiedergibt. Nur weil etwas einmal Ihr Leben stark beeinflusst hat, muss dieser Einfluss nicht unbegrenzt andauern. Zum Beispiel lernten Sie als Kind, die Entscheidungen Ihrer Eltern widerspruchslos hinzunehmen – doch das bedeutet nicht, dass Sie heute nicht Ihre eigenen Interessen gegenüber anderen vertreten könnten.

Um sich von den ungesunden Gefühlen, die aus dieser Einstellung resultieren, befreien zu können, müssen Sie diese Botschaft ändern. Der Glaube, dass Sie sich durch falsche Entscheidungen in der Vergangenheit Wege für immer versperrt haben, wird leicht zu einer Entschuldigung dafür, dass eine Änderung der Verhältnisse erst gar nicht versucht wird.

Auch wenn Sie meinen, ein Psychotherapeut könne Ihnen diese Probleme abnehmen, so werden Sie voraussichtlich eine Enttäuschung erleben. Ein Therapeut kann Ihnen nur zeigen, was Sie tun können, um sich zu verändern; aber er kann Sie nicht verändern. Was also können Sie tun? In erster Linie sollten Sie erkennen, dass Sie kein hilfloses Opfer sind! Akzeptieren Sie die Vergangenheit als wichtig, aber machen Sie sich bewusst, dass die Gegenwart Ihre Vergangenheit von morgen ist. Wenn Sie also heute Ihre Einstellungen und Verhaltensweisen ändern, können Sie sich morgen besser fühlen.

Außerdem sollten Sie sich darüber klar werden, dass weniger die Vergangenheit als Ihre Einstellung zu Ihrer Vergangenheit verantwortlich zeichnet für Ihre gegenwärtigen Probleme."

Selbstschädigende Botschaft Nr. 10
„Jedes Problem hat eine richtige oder perfekte Lösung. Ich kann nicht zufrieden sein, bevor ich nicht diese Lösung gefunden habe. Und es wäre schrecklich, wenn ich die Lösung nicht finden würde."

„Wenn Sie das glauben, dann ist es kein Wunder, wenn Sie sich schlecht fühlen. Da nicht alle Dinge vollkommen unter unserer Kontrolle sind und die meisten Probleme keine perfekten Lösungen haben, kann diese Aussage nicht in der Wirklichkeit bestehen. Praktisch jede alltägliche Entscheidung hat positive und negative Auswirkungen. Der Glaube an Perfektion widerspricht grundsätzlich der Wirklichkeit, weil es so etwas wie absolute Sicherheit und Wahrheit nicht gibt. Wir leben in einer Welt der Wahrscheinlichkeit und der Möglichkeiten. Der Glaube an Gewissheit kann nur falsche Erwartungen auslösen. Und wenn Sie es für unerträglich halten, keine Sicherheit zu erlangen, wird sich unweigerlich Angst einstellen.

Die meisten Lösungen für menschliche Probleme sind daher nicht perfekt. Aber das ist nicht katastrophal! Zu glauben, es sei eine Katastrophe, wenn die richtigen Lösungen nicht gefunden werden, ist ein Hirngespinst, das Sie in Angst und Schrecken versetzt.

Wie also lautet die alternative Botschaft? Probleme vernünftig angehen! Indem Sie die verschiedenen Lösungen bedenken und dann diejenige auswählen, welche mehr positive als negative Aspekte enthält. Irren ist menschlich! Das ist nicht nur ein Sprichwort, sondern unabdingbare Voraussetzung für das Menschsein! Sie werden sich also auch in Zukunft notwendigerweise irren. Aber vermeiden Sie es, sich anhand Ihrer Fehler und Irrtümer zu bewerten."

Weiterführende Informationen

Nachdem Sie in diesem Buch einiges über die Rational-Emotive Verhaltenstherapie gelernt haben, möchten Sie vielleicht noch mehr darüber lesen. Daher möchte ich Ihnen ein paar Anregungen für Ihre weitere Lektüre geben:

Ellis, A. (2006). *Training der Gefühle. Wie Sie sich hartnäckig weigern, unglücklich zu sein*. Heidelberg: mvg.
Ellis, A. (1997). *Grundlagen und Methoden der Rational-Emotiven Verhaltenstherapie*. München: Pfeiffer bei Klett-Cotta.
In beiden Werken erläutert Albert Ellis seine Theorien klar und verständlich, weshalb diese auch für den Laien sehr lesenswert sind. Hier finden Sie eine ausführliche Darstellung der psychologischen und philosophischen Grundlagen der REVT. Viele Fallbeispiele illustrieren die theoretischen Aussagen.

Ellis, A., Schwartz, D. & Jacobi, P. (2004). *Coach dich! Rationales Effektivitäts-Training zur Überwindung emotionaler Blockaden. Ein philosophisch-psychologischer Ratgeber*. Würzburg: hemmer/wüst.
Epiktet: *Handbuch der Moral*. In: Epiktet, Teles, Musonius (1987): *Wege zum Glück*. Düsseldorf: Artemis & Winkler.

Schwartz, D. *(2006). Gefühle verstehen und positiv verändern. Ein Lebenshilfebuch zur Rational-Emotiven Verhaltenstherapie*. München: CIP-Medien.
Das erste deutschsprachige rational-emotive Selbsthilfebuch, verbreitet an vielen psychosomatischen Kliniken und psychotherapeutischen Praxen, wurde auf den neuesten Stand gebracht. Mit ausführlichen und beispielhaften Anleitungen zur Erstellung rationaler Selbstanalysen und Überwindung von De-

pressionen, Schuldgefühlen, Ängsten und Ärger. Das Buch enthält ein Vorwort von Albert Ellis.

Schwartz, D. (2007). *Vernunft und Emotion. Praxis der Rational-Emotiven Verhaltenstherapie.* Dortmund: borgmann publishing.

Waters, V., Schwartz, D., Gravemeier, R. & Grünke, M. (2003). *Fritzchen Flunder und Nora Nachtigall. Sechs rational-emotive Geschichten für Kinder, mit Kommentaren und Interpretationshilfen für Eltern und Erzieher.* Bern u.a.: Huber.

Über das Deutsche Institut für Rational-Emotive & Kognitive Verhaltenstherapie (DIREKT) e.V. können Sie zudem per E-Mail folgende Unterlagen anfordern:

- eine Zusammenstellung deutschsprachiger Selbsthilfebücher auf REVT-Basis
- Test Selbstschädigende Ideen (TSI): Testheft mit Auswertungs- und Arbeitsteil. Es handelt sich um einen psychologischen Test, der eine präzise Analyse des eigenen selbstschädigenden Denkens und quantitative Aussagen über den individuellen Ausprägungsgrad Ihrer selbstschädigenden Ideen ermöglicht. Jeder so festgestellten selbstschädigenden Idee wird im Auswertungs- und Arbeitsteil die rationale Alternative gegenübergestellt.
- Liste Rational-Emotiver Verhaltenstherapeuten

Deutsches Institut

für

Rational-Emotive & Kognitive VerhaltensTherapie
(DIREKT) e.V.

Tochterinstitut des

Albert Ellis Institute

for Rational Emotive Behavior Therapy der Staatsuniversität
New York

Akkreditierter Fortbildungsveranstalter

bei der Bayerischen Landeskammer der Psychologischen
Psychotherapeuten

Leitung: Dieter Schwartz, Dipl.-Psych.

Veitshöchheimer Str.16

D-97080 Würzburg

E-Mail: revt.direkt@t-online.de

www.ret-revt.de

Ausbildungsgänge in Rational-Emotiver &
Kognitiver Verhaltenstherapie &
Rational Effectiveness Training (Coaching-Ausbildung),
Third Wave of Behavior Therapy

Psychologische Beratung, Psychotherapie, Supervision,
Telefon-Coaching, Fach- und Selbsthilfeliteratur zur REVT
Zeitschrift für Rational-Emotive & Kognitive Verhaltens-
therapie

Literaturverzeichnis

Arnold, W., Eysenck, H. J. & Meili, R. (Hrsg.) (1976). *Lexikon der Psychologie*, Freiburg, Basel, Wien: Herder.

Beck, A. T. , Rush, A., Shaw, B. F. & Hautzinger, M. (1996). *Kognitive Therapie der Depression*, Weinheim, Basel: Beltz.

Dörner, D. & Stäudel, T. (1990). *Emotion und Kognition*. In: Scherer , K. R. (Hrsg.). *Psychologie der Emotion. Motivation und Emotion*. Band 3 Enzyklopädie der Psychologie. Göttingen, Toronto, Zürich: Hogrefe.

Ellis, A. (1965). *An operational reformulation of some of the basic principles of psychoanalysis*. Psychoanal.Rev., 1956, 163–180.

Ellis, A. (1977). *Die rational-emotive Therapie. Das innere Selbstgespräch bei seelischen Problemen und seine Veränderung*. München: Pfeiffer.

Ellis, A. (1987). *Wut. Die Kunst, sich richtig zu ärgern*. München: Goldmann.

Ellis, A. (1991). *Die philosophischen Grundlagen der RET*. In: *Zeitschrift für Rational-Emotive & Kognitive Verhaltenstherapie* (Hrsg. von D. Schwartz). Würzburg: DIREKT e.V.

Ellis, A. (1994a). *Reason and Emotion in Psychotherapy. A Comprehensive method of Treating Human Disturbances. Revised and Updated*. New York: Birch Lane Press.

Ellis, A. (1994b). *Die revidierte ABC-Theorie der Rational-Emotiven Therapie – Teil 1*. In: *Zeitschrift für Rational-Emotive & Kognitive Verhaltenstherapie* (Hrsg. von D. Schwartz). Würzburg: DIREKT e.V.

Ellis, A. (1996). *Die revidierte ABC-Theorie der Rational-Emotiven Therapie – Teil 2*. In: *Zeitschrift für Rational-Emotive & Kognitive Verhaltenstherapie* (Hrsg. von D. Schwartz). Würzburg: DIREKT e.V.

Ellis, A. (1997). *Grundlagen und Methoden der Rational-Emotiven Verhaltenstherapie*. München: Pfeiffer bei Klett-Cotta.

Ellis, A. (2006). *Training der Gefühle. Wie Sie sich hartnäckig weigern, unglücklich zu sein*. Heidelberg: mvg.

Ellis, A., Sichel, J. L., Yeager, R. J., DiMattia, D. J. & DiGiuseppe, R. (1989). *Rational-emotive couples therapy*. New York: Pergamon Press.

Ellis, A. & Crawford, T. (2000). *Training der Gefühle in der Partnerschaft*. Frankfurt: mvg.

Ellis, A. & Hoellen, B. (1997). *Die Rational-Emotive Verhaltenstherapie – Reflexionen und Neubestimmungen*. München: Pfeiffer.

Ellis, A., Schwartz, D. & Jacobi, P. (2004). *Coach dich! Rationales Effektivitäts-Training zur Überwindung emotionaler Blockaden. Ein philosophisch-psychologischer Ratgeber*. Würzburg: hemmer/wüst.

Epiktet: *Handbuch der Moral*. Projekt Gutenberg, Übers. C. Hilty.

Freud, S. (1975). *Trauer und Melancholie*. In: Freud, S. *Psychologie des Unbewussten, Studienausgabe*, Band III, Frankfurt a.M.: S. Fischer.

Frindte, W. (2001). *Einführung in die Kommunikationspsychologie*. Weinheim, Basel: Beltz.

Fuchs, W., Klima, R., Lautmann, R., Rammstedt, O. & Wienold, H. (1973). *Lexikon zur Soziologie*. Opladen: Westdeutscher Verlag.

Gordon, T. (1989). *Familienkonferenz. Die Lösung von Konflikten zwischen Eltern und Kind*. München: Heyne.

Grawe, K. (1998). *Psychologische Therapie*. Göttingen: Hogrefe.

Heidenreich, T., Michalak, J. (Hrsg.) (2004): *Achtsamkeit und Akzeptanz in der Psychotherapie*, Tübingen: Dgvt-Verlag.

Hohensee, T. (2003). *Glücklich wie ein Buddha. Sechs Strategien, alle Lebenslagen zu meistern*. Stuttgart, Zürich: Kreuz.

Izard, Carroll E. (1981). *Die Emotionen des Menschen. Eine Einführung in die Grundlagen der Emotionspsychologie.* Weinheim, Basel: Beltz.

Kemmler, L., Schelp, T. & Mecheril, P. (1991). *Sprachgebrauch in der Psychotherapie. Emotionales Geschehen in vier Therapieschulen.* Bern, Göttingen, Toronto: Huber.

Kosfelder, J., Michalak, J., Vocks, S. & Willutzki, U. (2007). *Geschichte(n) und Visionen vom Wandel der Psychotherapie*, in: *Verhaltenstherapie & Psychosoziale Praxis, 2/2007, Schwerpunkt: Klaus Grawe – Perspektiven eines großen Therapeuten und Forschers.*

Lange, A. J. & Jakubowski, P. (1976). *Responsible Assertive Behavior. Cognitive/Behavioral Procedures for Trainers.* Champaign/Illinois: Research Press.

Lindgren, H. C. (1973). *Einführung in die Sozialpsychologie.* Weinheim, Basel: Beltz.

Marc Aurel. *Des Kaisers Marcus Aurelius Antonius Selbstbetrachtungen.* Projekt Gutenberg, Übers. A. Wittstock.

Martin, G. (1980). *Sokrates.* Reinbek: Rowohlt.

Martin, I. (1976). *Stichwort Gefühle.* In: Arnold, W., Eysenck, H. J. & Meili, R. (Hrsg.), (1976). *Lexikon der Psychologie* I/2, Freiburg, Basel, Wien: Herder.

McGill, V. J. (1954). *Emotions and Reason.* Springfield, Ill.: Thomas.

Mueller, E. F. & Thomas, A. (1974). *Einführung in die Sozialpsychologie.* Göttingen: Hogrefe.

Oerter, Rolf (1971). *Moderne Entwicklungspsychologie.* Donauwörth: Auer.

Petzold, H. G. (Hrsg.). (1995). *Die Wiederentdeckung des Gefühls. Emotionen in der Psychotherapie und der menschlichen Entwicklung.* Paderborn: Junfermann.

Piontkowski, U. (1976). *Psychologie der Interaktion*. München: Juventa.

Plutchik, R. (1980). *Emotion – A psychoevolutionary synthesis*. New York: Harper.

Polli, E. & Lattmann, M. (2007). *Untersuchungen zum Test für selbstschädigende Ideen* (TSI). In: *Zeitschrift für Rational-Emotive & Kognitive Verhaltenstherapie* (Hrsg. von D. Schwartz). Würzburg: DIREKT e.V.

Pongratz, Ludwig J. (1973). *Lehrbuch der Klinischen Psychologie. Psychologische Grundlagen der Psychotherapie*. Göttingen: Hogrefe.

Popper, K. R. (1972). *Objective Knowledge: An evolutionary approach*. Oxford: Oxford University Press.

Schelp, T., Gravemeier, R. & Maluck, D. (1997). *Rational-Emotive Therapie als Gruppentraining gegen Streß. Seminarkonzepte und Materialien*. Bern, Göttingen, Toronto, Seattle: Huber.

Scherer, K. R. & Wallbott, H. G. (1990). *Ausdruck von Emotionen*. In: Scherer, K. R. (Hrsg.). *Psychologie der Emotion. Motivation und Emotion*. Band 3 Enzyklopädie der Psychologie. Göttingen, Toronto, Zürich: Hogrefe.

Schneider, K. & Dittrich, W. (1990). *Evolution und Funktion von Emotionen*. In: Scherer, K. R. (Hrsg.). *Psychologie der Emotion. Motivation und Emotion*. Band 3. Enzyklopädie der Psychologie. Göttingen, Toronto, Zürich: Hogrefe.

Schulz von Thun, F. (2006). *Miteinander reden*, 3 Bde., Reinbek: Rowohlt.

Schulte, W. & Tölle, R. (1975). *Psychiatrie*. Berlin, Heidelberg, New York: Springer.

Schwartz, D. (1980). *Imaginationstechniken in der rational-emotiven Therapie*. RET-report, 1, 36–42.

Schwartz, D. (1981a). *Die rational-emotive Therapie*. In: Hockel, M. & Feldhege, F.-J. (Hrsg.). *Handbuch der Angewandten Psychologie. Band 2. Behandlung und Gesundheit*. Landsberg: verlag moderne industrie.

Schwartz, D. (1981b). *RE-Therapie. So wird man sein eigener Psychologe*. Landsberg: mvg.

Schwartz, D. (1987). *Die Rational-emotive Therapie: Auf der Suche nach heißen Kognitionen*. In: *Thema: Psychotherapie heute. Welche Therapie?* Psychologie heute Taschenbuch. Weinheim, Basel: Beltz.

Schwartz, D. (2006). *Gefühle verstehen und positiv verändern. Ein Lebenshilfebuch zur Rational-Emotiven Verhaltenstherapie*. München: CIP-Medien. (Neubearbeitung von Schwartz, D. (1983). *Gefühle erkennen und positiv beeinflussen*. Landsberg: mvg).

Schwartz, D. (2007). *Vernunft und Emotion. Die Ellis-Methode. Vernunft einsetzen, sich gut fühlen, mehr im Leben erreichen. Praxis der Rational-Emotiven Verhaltenstherapie*. Dortmund: Verlag modernes lernen, borgmann publishing.

Schwartz, D. (2008). *Test Selbstschädigende Ideen (TSI)*. Würzburg: DIREKT e.V.

Schwartz, D. (2008). *Umdenken. Ein rational-emotives Coaching-Verfahren*. In: Buer, F., Schmidt-Lellek, C., unter Mitarbeit von Fintz, A. S., John, F., Schreyögg, A., Schwartz, D., (2008, im Druck). *Life-Coaching für Fach- und Führungskräfte. Wie man sinnvoll, glücklich, verantwortlich und stilvoll leben und arbeiten kann. Fundiertes Orientierungswissen für Coaches.*

Titze, M. (1979). *Lebensziel und Lebensstil. Grundzüge der Teleoanalyse nach Alfred Adler*. München: Pfeiffer.

Vopel, K. W., Kirsten, R. E. (1975). *Kommunikation und Kooperation. Ein gruppendynamisches Trainingsprogramm*. München: Pfeiffer.

Walen, S. R., DiGiuseppe, R. & Wessler, R. L. (2005). *RET-Training. Einführung in die Praxis der rational-emotiven Therapie*. Stuttgart: Klett-Cotta.

Waters, V., Schwartz, D., Gravemeier, R. & Grünke, M. (2003). *Fritzchen Flunder und Nora Nachtigall. Sechs rational-emotive Geschichten für Kinder, mit Kommentaren und Interpretationshilfen für Eltern und Erzieher*. Bern u.a.: Huber Verlag.

Watzlawick, P., Beavin, J. H. & Jackson, D. D. (1974). *Menschliche Kommunikation. Formen, Störungen, Paradoxien*. Bern, Stuttgart, Wien: Huber.

Wilken, B. (2006). *Methoden der Kognitiven Umstrukturierung. Ein Leitfaden für die psychotherapeutische Praxis*. Stuttgart: Kohlhammer.

Watzlawick, P., Weakland, J. H. & Fisch, R. (1975). *Lösungen. Zur Theorie und Praxis menschlichen Wandels*. Bern, Stuttgart, Wien: Huber.

Winiarski, R. (2004). Berat*ung und Kurztherapie mit Kognitiver Verhaltenstherapie*. Weinheim, Basel: Beltz.

Young, J. E., Klosko, J. S. & Weishaar, M. E. (2005): *Schematherapie. Ein praxisorientiertes Handbuch*, Paderborn: Junfermann.

Zimmer, D., Raschert, K. & Weinert, M. (1978) *Fragebogen zur Kommunikation in der Partnerschaft (KIP)*. Tübingen: Dgvt-Verlag.

Zimmer, D., Raschert, K. & Weinert, M. (1978) *Manual zum Fragebogen Kommunikation in der Partnerschaft (KIP)*. Tübingen: Dgvt-Verlag.

Stichwortverzeichnis

A
ABC-Theorie 42, 54–57, 60, 64ff., 75, 147, 153, 192, 247
Abwehr 41, 46, 152
Adler, Alfred 85, 251
Ärgerausdruck 27f., 208
Aggression 148f., 152, 156, 210f., 214, 221
Akzeptanz 199, 204, 249
Alltagstheorie 64f.
Aufschieben, Auf-die-lange-Bank-Schieben 138f., 237

B
Beck, Aaron T. 42, 58, 75
Behaviorimus 210
Blockade, emotionale 242, 248
Buddha 58, 249

C
Churchill, Winston 45
Consequenzen
- emotionale 42, 55, 70, 121
- behaviorale 42, 44, 56, 121, 153

D
Denken 17, 22, 35, 37, 48, 55, 65–74, 96, 101, 103, 106–110, 116, 119f., 123, 127, 130f., 139, 141, 144, 157, 170, 186, 193, 220, 235–241, 244, 251
Discomfort-anxiety 136
Disputation 122f., 126, 129
Domitian 59
Durchgangsziel 17, 19, 21ff., 26
Du-Botschaft 197, 218

E
Einhundert-Personen-Beispiel 62
Ellis, Albert 19f., 42, 52–59, 74f., 85, 91, 127, 202f., 209, 231, 243–247, 251, 256
Emotionen
- angemessene und unangemessene 7, 38–46, 81, 85, 91f., 95–99, 116–119, 134, 147, 163, 185, 204, 207, 215f., 225, 228–230
- positive und negative 127
- angenehme und unangenehme 11, 39–43, 46, 230
Empathie 180, 182, 186, 217, 219
Empfänger 28, 79f., 199
Epiktet 58ff., 107, 190, 220, 226, 243, 248
Erleben 71, 180, 199
Eskalation 211, 215
Evolutionspsychologie 36

F
Fahrstuhlphobie 72
Familiensystem 209
Familientherapeut 209
Fremdakzeptanz 204
Freud, Sigmund 45, 248
Frustrationstoleranz 99, 134

G
Gegenaggression 148, 210f., 214
Gefühle → Emotionen
Gordon, Thomas 197, 248
Groll 38, 50, 55

H
Hadrian 59
Hauptmotivationssystem 36
Holmes, Sherlock 123
Hysterisieren 182

I
Ich-Botschaft 197, 199ff.
Ich-kann-es-nicht-aushalten-Krankheit 97ff.
Interaktion 7, 26, 207–210, 250
Interaktions-ABC 42, 147, 156
Interpretation 63f., 86, 105, 186
Irrationalität 91, 131

K
Katastrophen-Botschaften 105, 111, 130f., 228, 229
Katastrophenskala 133
Kognitive Verhaltenstherapie 75, 244f., 247f., 250, 256
Kommunikation
- gute 11, 81, 119, 194f., 206f., 217, 225
- schlechte 7, 11, 43, 81, 119, 132, 147f., 153, 158f., 205–209, 228
- selbstsichere 167–170, 175ff.
- selbstunsichere 162f., 167–170, 175, 177f.
- aggressive 48, 125, 165, 167–170, 175ff., 210, 213, 221ff.
- nonverbale 175, 177, 221
Kommunikationsmuster
- aktiv-aggressives 210
- passiv-aggressives 221ff.
Kommunikationsstile 156
Kommunikationstechnik 84, 188, 210, 214, 217, 223f.
Kommunikationsverhalten
- selbstschädigendes oder dysfunktionales 7, 28, 31f., 41ff., 81, 85, 91f., 95, 116, 119, 136, 153, 194, 211
- zielführendes 28, 31, 43ff., 90, 116, 119, 124f., 132, 153, 194f., 206f., 212ff., 228
Kommunikationsziele 7, 24, 159
Konfrontation 74, 210, 215
Konfrontationstherapie 74
Kritischer Rationalismus 193

L
Lampenfieber 68f.
Lebensakzeptanz 204
Leugnen 150, 156, 221

M
Marc Aurel 58ff., 88, 249
Müller-Lyer-Täuschung 83
Musonius 190, 242, 248
Muss-Botschaften 92, 95–99, 105ff., 112-117, 119, 124–127, 130, 139f., 214, 228, 229
McGill, V. J. 52, 249

N
Nachfragetechnik 161, 179f., 186
Nero 59
Niebuhr, Reinhold 204

O
Operantes Konditionieren 210

P
Paraphrasieren 180f., 186
Pauschale Abwertung 105, 117, 148, 185

Perfektionismus 96, 106, 139, 141–144, 166, 232f., 241
Persönliche Stellungnahme 64, 87–91
Personakzeptanz 199, 204
Piaget, Jean 108
Plutchik, R. 36, 250
Popper, Karl 193

R

Rational-Emotive Verhaltenstherapie (REVT) 42, 74f., 129, 153, 192, 225, 243–252, 256
Raucherentwöhnung 20
Rechthaberei 149
Reis, Philipp 79
Resignation 31, 151

S

Sarkasmus 148f., 153, 156, 210
Scheinbegründung 126f.
Schulz von Thun, Friedemann 250
Selbstakzeptanz 199, 204
Selbstbehauptung 199
Selbstexploration 199
Selbstgespräch, inneres 67ff., 71, 100, 106ff., 111–117, 139, 166, 225, 247
Selbsthilfeliteratur 245
Sender 28, 80, 185, 199
Seneca 58
Skinner, B.F. 210
Sokrates 59f., 129f., 249
Sokratischer Dialog 129
Süchte 134
System 4, 203, 209, 211

T

Teilziel 16–19, 21f.
Tranquilizer 73, 75

U

Übergeneralisierung 107, 148

V

Verbales Verhalten 35
Verhaltenskonsequenzen 42, 44, 56, 70, 121, 153, 156, 159, 195f., 207f., 222; s.a. → Consequenzen, behavoriale
Verhaltensanalyse 81
Verhaltenstendenz 48
Vermeidung 154, 156, 222

W

Wahrnehmung
– selektive 81
Watzlawick, Paul 27, 252
Wertung 86f., 89
Wertschätzung 96, 129, 163, 188, 202–205, 217f., 220
Wirklichkeit 17f., 64, 82ff., 131, 133, 135, 138f., 142, 165, 235, 237f., 240f.

Z

Zenon 58
Zweideutige Botschaft 150, 221

Über den Autor

Dieter Schwartz, geboren 1943, Diplom-Psychologe, Psychologischer Psychotherapeut, Supervisor in Verhaltenstherapie und REVT.

Dieter Schwartz war viele Jahre auch als Rechtsanwalt und Dozent für Psychologie tätig und leitet seit 1980 das Deutsche Institut für Rational-Emotive & Kognitive Verhaltenstherapie (DIREKT) e.V. in Würzburg – das deutsche Tochterinstitut des weltbekannten Albert Ellis Institute for Rational Emotive Behavior Therapy der Staatsuniversität New York.

Dieter Schwartz gehört zu den führenden Vertretern der Rational-Emotiven Verhaltenstherapie (REVT) im deutschsprachigen Raum. Er hat seit 1980 zahlreiche Arbeiten zur REVT veröffentlicht, unter anderem zusammen mit dem Begründer der REVT, Albert Ellis, sowie Hunderte von Psychotherapeuten, Trainern und Coaches ausgebildet und supervidiert.